世界の文豪の家

監修
阿部公彦
阿部賢一
楯岡求美
平山令二

X-Knowledge

世界の文豪の家　CONTENTS

Part 1　北米の文豪

エドガー・アラン・ポーの家
結核の妻を看取った木造のコテージ ……6

マーク・トウェインの家
大豪邸で完成した『トム・ソーヤーの冒険』……8

O・ヘンリーの家
短編の名手は人生も波瀾万丈 ……12

ローラ・インガルス・ワイルダーの家
農場の2つの家で紡いだ開拓時代の物語 ……14

L・M・モンゴメリの家
赤毛のアンとモンゴメリ。ふたりの思い出が交錯する島 ……18

アーネスト・ヘミングウェイの家
大作をもたらしたカリブでの生活 ……22

パール・S・バックの家
アメリカ人女性として初めてのノーベル賞作家の故郷・中国 ……26

マーガレット・ミッチェルの家
けがの功名で生まれた『風とともに去りぬ』……28

ジョン・スタインベックの家
作家を夢見た故郷が名作の舞台に ……30

Column《文豪が愛した宿》チェルシー・ホテル ……32

Part 2　イギリスの文豪

ウィリアム・シェイクスピアの家
今も多くの人を魅了する天才劇作家の原点 ……34

ジョン・ミルトンの家
盲目の大詩人が口述による大作を実らせたコテージ ……36

ウィリアム・ワーズワースの家
詩作にインスピレーションを与えた湖水地方の風景 ……38

ジェーン・オースティンの家
正体を隠しながら女性の日常を描き続ける ……42

チャールズ・ディケンズの家
作家として花開き手に入れた幼少期の思い出の家 ……46

ブロンテ姉妹の家（シャーロット、エミリー、アン）
3姉妹が残した作品の舞台、ハワース……50

ルイス・キャロルの家
ひとりの少女との出会いが生んだ物語……54

トーマス・ハーディの家
自らが設計した家で故郷「ウェセックス」の物語を執筆……56

アーサー・コナン・ドイルの家
閑古鳥が鳴く開業医から人気小説家に転身……58

W・B・イェイツの家
晩婚の詩人が家族と暮らした15世紀の城塞……60

ビアトリクス・ポターの家
湖水地方の農場に絵本の世界が広がる……64

ヴァージニア・ウルフの家
文化人、そして芸術家が集った家……68

ジェイムス・ジョイスの家
各地を転々としながらも故郷を舞台にした名作を綴り続ける……70

アガサ・クリスティの家
河畔に立つ広大な別荘は幼少時代の憧れの邸宅……72

ディラン・トマスの家
入江を見渡す崖の上の書斎……76

Column《文豪が眠る寺院》ウェストミンスター寺院……78

Part 3 フランスの文豪

ヴィクトル・ユゴーの家
亡命先で完成した大作『レ・ミゼラブル』……80

マルセル・プルーストの家
光と音を遮って創作活動に没頭……84

ジャン・コクトーの家
多彩な詩人の終の住処……86

マルグリット・ユルスナールの家
パートナーと過ごした異国の島の小さな家……88

マルグリット・デュラスの家
パリの住居とともに活動拠点となったセカンドハウス……90

Column《文豪が愛したカフェ》パリのカフェ……92

Part 4 ドイツの文豪

ゲーテの家
創作と政務に没頭した地、ヴァイマル……94

トーマス・マンの家
故郷を舞台に市民生活と芸術の相克を描く……98

ヘルマン・ヘッセの家
風光明媚な湖を望む地で生涯の後半を過ごす……100

Column《文豪が愛した街》ヴァイマル……102

Part 5 ロシアの文豪

イワン・トゥルゲーネフの家
『猟人日記』をもたらした幼き日の体験……104

ドストエフスキーの家
転居をくり返したサンクト・ペテルブルグでの日々……106

レフ・トルストイの家
相続した故郷の領地で地主や教育者としても活躍……108

アントン・チェーホフの家
病魔に侵されながらも名作を綴り続ける……110

マクシム・ゴーリキーの家
母国の文化向上を願いつつ迎えた最期……112

Column《文豪が描いた街》サンクト・ペテルブルグ……114

Part 6 北欧&イタリアの文豪

ヘンリック・イプセンの家
不遇の時代を経て大作家として母国に帰還……116

セルマ・ラーゲルレーヴの家
作家として成功し取り戻した思い出の地……118

カレン・ブリクセンの家
故郷のデンマークで振り返ったケニアでの18年……120

ガブリエーレ・ダンヌンツィオの家
自宅が円形劇場や軍艦もある巨大複合施設に……124

Part 1

北米の文豪

ポー・コテージは1913年、近隣に設けられたポー公園の一角に移築された

結核の妻を看取った木造のコテージ

エドガー・アラン・ポーの家

EDGAR ALLAN POE　1809－1849

貧困に喘ぎながら数多くの作品を残した詩人、小説家。雑誌編集者として各地を転々としながら、創作活動を続けた。主な作品に推理小説の原型といわれる『モルグ街の殺人』（1841年）や詩作「大鴉」（1845年）がある。アメリカの作家でありながらも、当初はヨーロッパでの評価が高く、ボードレールらに影響を与えた。

劇団の役者だった両親を失踪と病死で失ったポーは、リッチモンドで商人をしていたアラン夫妻に引き取られて育つ。ヴァージニア大学へ進学するも賭博や飲酒で借金を重ね中退、軍隊での生活を経て進んだ陸軍士官学校も放校処分になるなど、養父を悩ませた。

その後、ボルチモアにある実父方の叔母マライア・クレムの家に身を寄せ、本格的な創作活動を始めることとなる。１８３６年にはクレムの娘ヴァージニアと結婚するが、このとき妻はわずか13歳だった。当時、ポーは雑誌の懸賞で入選した際の審査員ジョン・P・ケネディの紹介で雑誌編集者の職を得ており、以降、各地の雑誌で編集者として働きながら、自らの詩や小説をコンスタントに発表し続ける。しかし、生活は苦しく、ポーは酒癖の悪さという問題も抱えていた。さらに、１８４２年には妻が喀血してしまう。

そんななか、ニューヨークへと移

ポーが暮らしたボルチモアの邸宅も博物館として残る

ポーが用いたデスクのレプリカ。上部の板は取り外せるようになっている

1844年にニューヨークへ移って以降、数ヶ月ごとに転居をくり返していたが、フォーダムの家には3年間住むこととなった

り住んだ翌年の１８４５年に発表した詩「大鴉」が好評を博し、ポーは名声を獲得する。しかし、収入の増加には繋がらず、一家の生活は苦しいままだった。彼らはニューヨークのなかで住居を何度も変えているが、最後の住居となったのは木造の小さなコテージで、当時は田舎の小村だったフォーダム（ブロンクス地区）にあった。１８４６年から緑の芝生に囲まれたこの家で暮らしたが、結核で衰弱していたヴァージニアは翌年に亡くなり、ポーは酒に溺れていく。妻の死から２年後、再婚を控えていた彼はボルチモアで謎の死を遂げる。その２日後に発表された詩「アナベル・リー」は、ヴァージニアへの思いを綴ったとされるもので、彼女を看取ったフォーダムのコテージで書かれたといわれている。

ポーの足跡

1809年	旅役者をしていたポー夫妻のもとにボストンで誕生
1810年	父親が失踪
1811年	母が他界、ポーは兄妹と別れ、リッチモンドの貿易商アラン家に養子として引き取られる
1815年	養父の事業拡大に伴い、渡英
1826年	ヴァージニア大学に入学（同年退学）
1827年	ボストンで年齢を偽って陸軍に入隊。処女詩集出版
1830年	陸軍士官学校に入学（翌年放校処分に）
1831年	ボルチモアの叔母の家に居候
1833年	『壜の中の手記』が雑誌懸賞で入選
1835年	雑誌の編集者として働き始める
1836年	従妹ヴァージニアと結婚し、リッチモンド、ニューヨーク、フィラデルフィアなどで暮らす
1839年	『アッシャー家の崩壊』を雑誌で発表
1841年	『モルグ街の殺人』を雑誌で発表
1844年	フィラデルフィアからニューヨークへ転居
1845年	詩集『大鴉、その他の詩』出版
1846年	フォーダム（ブロンクス地区）のコテージに移り住み、翌年ヴァージニアが病死
1849年	かつての恋人エルマイラと婚約。挙式を控えた9月にボルチモアで泥酔状態で発見され、運び込まれた病院で死亡

ヌークファームの豪邸はその形状とともに外壁の模様も目をひく

大豪邸で完成した『トム・ソーヤーの冒険』

マーク・トウェインの家

MARK TWAIN　1835–1910

印刷工や水先案内人を経て新聞記者に転身。幼少期を過ごしたミシシッピ川沿いの町を舞台にした小説『トム・ソーヤーの冒険』で人気を獲得する。その後も『王子と乞食』やトムの友人ハックを主役にし、方言を多用した『ハックルベリー・フィンの冒険』などを発表。アメリカ近代文学の父とも称される人物だ。

内装はティファニーの2代目で芸術家としても活躍したルイス・C・ティファニーが手がけた

7人兄弟の第6子としてミズーリ州のフロリダで生まれたマーク・トウェインは、4歳のときに同州のハンニバルへと引っ越した。ミシシッピ川の舟運で栄えたこの街での経験は『トム・ソーヤーの冒険』や『ハックルベリー・フィンの冒険』に反映されることになる。当時、彼が暮らしていた家は現在ミュージアムも併設しており、周辺にはトムの初恋の相手、ベッキー・サッチャーのモデルとなった人物の家も残っている。

成長して水先案内人の仕事や南北戦争での従軍などを経て文筆活動を始めた彼は、旅行記が評判になり、航行の際のかけ声である、“Mark Twain!”（水深二尋）を意味するペンネームも知られるようになる。奴隷制が残る南部の町で育った頃の記憶も活かして、トウェインがトムやハックルベリーの活躍する物語を書き上げたのは、北東部コネチカット州ハートフォードのヌークファームにある邸宅を拠点としていた時期だった。この家に彼が妻オリヴィアらとともに移ってきたのは38歳のときで、有名建築家に設計を依頼したハイビクトリアン建築の住居には、当時としては大金の4万ドルがつぎ込まれたという。外観は蒸気船を想起させ、内部の部屋数はなんと25にものぼった。その3階にあるビリヤード台を置いた部屋でトウェインは執筆を続け、ときには妻の故郷エルマイラにも滞在して代表作を次々と仕上げていった。

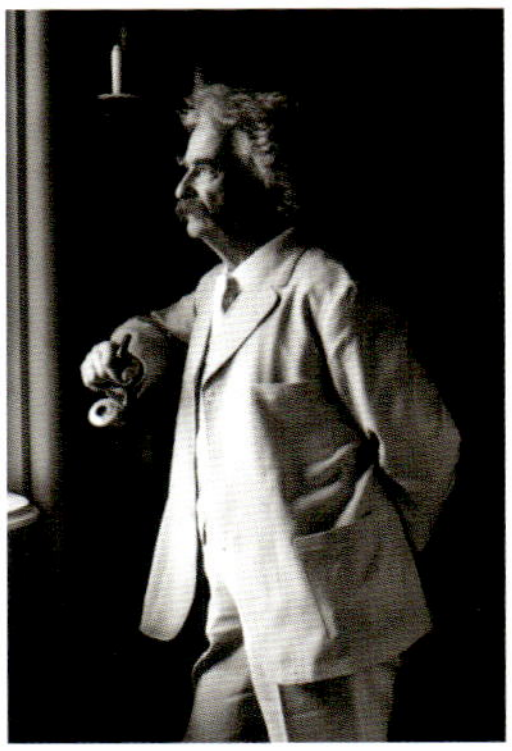

彼がこのヌークファームの家で暮らしたのは1891年まで。この時期に自動植字機への投資に失敗しており、それはのちの破産に繋がっていく。また、隣の住居には『アンクル・トムの小屋』のストウ夫人が住んでいたことも知られている。

現在は博物館となって公開されているヌークファームの邸宅にある寝室のひとつ

8角形の書斎は妻の家族からのプレゼント

ニューヨーク州エルマイラ。この町は、裕福な家庭の娘だったトウェインの妻オリヴィアの出身地でもあり、1870年に夫婦が挙式した思い出の地でもある。郊外には義姉スーザン夫婦が親から受け継いで生活していた農場もあり、トウェイン一家も1870年代から20年ほど、夏場を過ごしに訪れていた。1874年、義姉夫婦は彼に書斎をプレゼントする。8角形で開放感もあるこの建物は、メインハウスにほど近い小さな丘に建てられた。『トム・ソーヤーの冒険』や『ハックルベリー・フィンの冒険』など代表作の多くが、ここでも執筆されたといわれている。現在、この書斎はオリヴィアの母校でもあるエルマイラ大学のキャンパスに移築されている。

エルマイラ大の構内で保存・公開されているトウェインの書斎

この8角形のシンプルな書斎やヌークファームの豪邸でトウェインが執筆した冒険物語は、やがて世界中で読まれることになる

マーク・トウェインの足跡

1835年　ミズーリ州フロリダで誕生。本名はサミュエル・ラングホーン・クレメンズ
1839年　ミズーリ州ハンニバルへ転居
1847年　父を亡くし、翌年から印刷工見習いとして働く
1863年　新聞紙上で初めてマーク・トウェインというペンネームを使用
1865年　『ジム・スマイリーと彼の跳び蛙』発表
1869年　『赤毛布外遊記』出版
1870年　オリヴィアと結婚
1871年　新婚生活を過ごしたニューヨーク州バッファローからエルマイラの農場を経て、コネチカット州ハートフォードのヌークファームへ転居
1873年　『金ぴか時代』出版
1874年　ヌークファームの豪邸が完成
1876年　『トム・ソーヤーの冒険』出版
1881年　『王子と乞食』出版
1885年　『ハックルベリー・フィンの冒険』出版
1891年　ヨーロッパへ移住
1895年　植字機投資の借金返済のため世界一周講演旅行を実施
1900年　アメリカに帰国
1910年　コネチカット州レディングの邸宅「ストームフィールド」で他界

若きトウェインが新聞記者をしていたヴァージニアシティにも博物館がある

テキサス州オースティンにあるO.ヘンリー・ハウス。1893年から2年間、作家になる前のヘンリー一家が暮らしていた

短編の名手は人生も波瀾万丈

O.ヘンリーの家

O.HENRY 1862–1910

本名はウィリアム・シドニー・ポーター。横領罪で服役中だった30代中盤にO.ヘンリーとして本格的な創作活動を開始。少なくとも300を越える短編や掌編を発表し、短編の名手ともいわれる。代表作としてニューヨークのアパートを舞台にした『最後の一葉』や貧しい夫婦のクリスマスを描いた『賢者の贈り物』などがある。

O・ヘンリーがこのペンネームで本格的な創作活動を始めたのは、横領の罪で服役中の頃だった。釈放後は娘が義父母と暮らしていたピッツバーグで短期間過ごしたあと、47歳で亡くなるまでの約8年間をニューヨークで過ごしている。ほとんどの作品が書かれたニューヨークは、半数ほどの作品で舞台にもなっている。たとえば、彼が住んでいたユニオン・スクエアのアパート近くのグリニッジ・ヴィレッジには、『最後の一葉』の舞台のモデルとされるアパートがある。また、彼が足繁く通い、作品にも登場するバーの「ヒーリーズ」(現・ピーツ・タヴァーン)は、『賢者の贈り物』が執筆された場所ともいわれている。

一方で、彼の作品には南部や西部、さらには中米を舞台にしたものもあり、これらは彼が筆名を名乗る前に過ごした場所だった。彼は南部ノースカロライナ州で生まれ、私塾を開

グリニッジヴィレッジの「グローブコート」は『最後の一葉』の舞台のモデルとされる

ニューヨークへ移住したヘンリーは、4年間アーヴィング・プレイス通りのアパートで過ごした

ヘンリーが通ったバーはアーヴィング・プレイス通りに今も残る

いていた叔母の影響で文学に親しんで育った。15歳で薬剤師の見習いとして働きはじめ、転地療養のために西部テキサス州の牧場へ移ったのち、州都オースティンで薬剤師、不動産会社の帳簿係、土地管理局の製図工補佐、銀行員として働く。この間に結婚し、暮らしていた家は現在博物館となっている。作品が雑誌にちらほら掲載されるようになった彼は自らユーモアを交えた週刊紙『ザ・ローリング・ストーン』を発刊したが、これは1年で廃刊になった。

　その後、妻子を残して単身ヒューストンで記者をするも、銀行員時代の横領の罪を問われ、逃亡したのが中米ホンジュラスだった。結局帰国して服役し、作家O・ヘンリーが誕生することになる。

O.ヘンリーの足跡

1862年	ノースカロライナ州グリーンズボロで医師の次男として生まれる
1877年	薬剤師の見習いとして働き始め、のちに薬剤師の資格を取得
1887年	最初の妻アソルと結婚。長女マーガレットが誕生。原稿が雑誌などで掲載され、原稿料をもらうようになる
1894年	『ザ・ローリング・ストーン』紙を発刊
1896年	横領罪で告発される。保釈後、裁判当日にニューオーリンズを経て中米へ逃亡
1897年	妻の体調が悪化し、帰国するも、7月に妻が他界
1898年	有罪判決を受けて服役。薬剤師として働きながら、O.ヘンリーとして作品を投稿する
1901年	模範囚として釈放
1902年	ピッツバーグを離れて、単身ニューヨークへ転居
1904年	初の短編集『キャベツと王様』出版
1905年	『最後の一葉』を発表
1906年	『賢者の贈り物』を含む『四百万』出版
1907年	幼なじみのサラと再婚、娘を呼び寄せて新居へ。過度の飲酒で体調が悪化し、3人での生活は翌年終了する
1910年	肝硬変や心臓病を患い、他界

マンスフィールドへ移住したローラが夫と長年かけて増築したファームハウス

農場の２つの家で紡いだ開拓時代の物語

ローラ・インガルス・ワイルダーの家

LAURA INGALLS WILDER　1867–1957

アメリカの小説家。ウィスコンシン州で生まれ、中西部を転々としながら育つ。のちに自らの体験や家族からの伝聞をもとに執筆した、『インガルス一家の物語』シリーズを発表。9つの作品からなるこの自伝的小説シリーズの最初の作品『大きな森の小さな家』が出版されたのは65歳のときだった。

キッチンは背丈が低かったローラに合わせて設計されている

ローラ・インガルス・ワイルダーが、幼い頃の経験をもとにした作品を書きはじめたのは60歳を過ぎてからのことだった。1894年に移り住んだマンスフィールドで彼女は夫とともに長年をかけて農場を切り開き、1911年頃から地元の農業新聞でコラムを書いていた時期もあった。母と姉を続けて亡くした1920年代、彼女は娘で作家のローズの助けも受けながら、幼少期の出来事を綴りはじめる。そして、65歳となった1932年、『大きな森の小さな家』が出版された。

創作の場となったロッキーリッジ農場には2つの家がある。ひとつは、小さな家だったものを増築し、最終的には部屋数が10にのぼったファームハウス。もうひとつは石造りの家で、1928年に娘ローズが両親へと贈ったものだ。ローラ夫妻は一時期石造りの家で過ごしたが、1936年には再び馴染みのあるファームハウスへ戻っている。

ローラがこの農場で次々と書き上げた9冊の自伝的小説シリーズは、夫の少年時代を描いた『農場の少年』をのぞくと、いずれもインガルス一家が辿った中西部の土地を舞台としている。生まれ故郷であるウィスコンシン州ペピン（『大きな森の小さな家』）に始まり、カンザス州インディペンデンス（『大草原の小さな家』）、ミネソタ州ウォルナットグローブ（『プラムクリークの土手で』）へと変遷、『シルバーレイクの岸辺へ』以降の5冊はサウスダコタ州デ・スメットが舞台となる。このうち、実際に生活した家が今も残るのは一家の終着駅ともいえるデ・スメットのみだ。この地に移って最初に住んだ測量技師の家や、ローラの結婚後に父母が暮らした住居が残されている。

ファームハウスにあるこの机で、ローラは過ぎ去った日々を描いた作品を次々と執筆した

作家として成功後に「作家ローラの娘」となったローズ

ローラと夫アルマンゾの間には、デ・スメットで暮らした頃に2人の子どもが生まれたが、無事に成長したのは第1子のローズだけだった。

電信技手として働いたのち、1909年に結婚したローズはジャーナリスト、作家として活動を開始。離婚後の1922年にはO・ヘンリー賞を受賞している。

1928年、ロッキーリッジ農場の両親のもとに戻ってきた彼女は両親に石造りの家を贈り、さらには、一家の中で2人目の作家の誕生もサポートすることになる。

ローラはもともと『パイオニア・ガール』と題して幼少期の物語を書きはじめたが、その原稿を編集し、出版社探しに奔走したのがローズだった。これが『大きな森の小さな家』の出版へと繋がり、ふたりのやりとりは、ローズがロッキーリッジ農場を離れたあとも続けられた。

インガルス一家の旅の終着点となったデ・スメットには草原が広がる

ローラの足跡

1867年	ウィスコンシン州ペピンで誕生
1869年	カンザス州インディペンデンスへ転居
1874年	ミネソタ州ウォルナット・グローブへ移住
1876年	アイオワ州バーオークに転居
1877年	ウォルナット・グローブに戻る
1879年	姉メアリーが脳炎になり失明。ダコタ・テリトリーへ移住、デ・スメットの住人となる
1883年	教員として働く
1885年	アルマンゾ・ワイルダーと結婚
1890年	アルマンゾの両親が牧場を営むミネソタ州スプリングヴァレーへ
1891年	フロリダ州ウエストヴィルへ
1892年	デ・スメットに戻る
1894年	ミズーリ州マンスフィールドへ移住
1911年	地元紙に初めての記事が掲載
1932年	『大きな森の小さな家』出版
1933年	『農場の少年』出版
1935年	『大草原の小さな家』出版
1937年	『プラム・クリークの土手で』出版
1939年	『シルバー・レイクの岸辺で』出版
1940年	『長い冬』出版
1941年	『大草原の小さな町』出版
1943年	『この楽しき日々』出版
1957年	ロッキーリッジ農場で他界

デ・スメットでインガルス一家が最初の冬を越した「測量技師の家」

赤毛のアンとモンゴメリ。ふたりの思い出が交錯する島

L.M.モンゴメリの家

LUCY MAUD MONTGOMERY　1874–1942

故郷のプリンス・エドワード島の架空の町を舞台に、孤児だったアンを主人公にした長編小説『赤毛のアン』を出版。さらに、アン・ブックスと呼ばれる一連の作品を次々と発表し、アンの成長を描いた。1911年に牧師と結婚してからは故郷の島を離れて本土の牧師館で執筆を続け、晩年はトロントで過ごした。

モンゴメリが1歳9ヶ月まで過ごした生家はニューロンドンにあり、博物館として今もファンを迎え入れている

モンゴメリの生家はプリンス・エドワード島のクリフトン（現ニューロンドン）にあるが、母はほどなくして亡くなり、父はカナダ本土へ移住した。そのため、モンゴメリはキャベンディッシュで牧場を営んでいた母方の祖父母に育てられることになる。今は礎を残すのみとなった祖父母の家で成長した彼女は、子どもの頃から日記を書いたり、詩を作ったりしていた。島内にあるシャーロット・タウンのカレッジを卒業したのちには、本土ハリファクスの大学で聴講生として英文学を学んだのと前後して、島内3ヶ所の学校で教鞭をとった。しかし、22歳のときに祖父が亡くなり、年老いた祖母の面倒を見るために彼女は再びキャベンディッシュへと戻る。

モンゴメリは自宅に併設していた郵便局の仕事をこなしながら、短編などの創作に励んだが、一時期は祖母の世話を従姉妹に任せてハリファクスの新聞社で働いてもいた。島に戻った彼女は、執筆活動を本格化。1908年に初めての長編小説『赤毛のアン』が出版されることになる。プリンス・エドワード島の自然や景色、人々がモデルとなったこの作品の原題は『Anne of Green Gables』。主人公アンが暮らす架空の町・アヴォンリーの家のモデルとなった「グリーンゲイブルズ・ハウス」はキャベンディッシュにあり、モンゴメリの親戚が住んでいた。

人気作家となった彼女は、祖母を看取ったあと、婚約していた牧師と1911年に結婚。ふたりは現在もパークコーナーに残る叔母の家「銀の森屋敷」で式を挙げ、本土へ移住した。2つの牧師館を経てトロントで手に入れた「旅路の果ての家」で息を引き取った彼女は、故郷の島で夫とともに眠っている。

ビクトリア様式の家具が置かれた生家のリビング。ここではモンゴメリのウェディングドレスのレプリカも展示されている

グリーンゲイブルズ・ハウスでは2階にあるアンの部屋をはじめ、作品の世界が再現されている

パークコーナーにある「銀の森屋敷」は、幼い頃からモンゴメリが通い、結婚式も挙げた場所。現在は博物館になっている

ファンの聖地・キャベンディッシュ

『赤毛のアン』の出版後、作者の故郷として、物語の舞台として、プリンス・エドワード島はファンにとって人気の観光地となった。その中心となったのがキャベンディッシュだが、モンゴメリが祖父母に引き取られ、もっとも長い時間を過ごした家は現在、基礎部分を残すのみで、そのかたちをとどめていない。

一方、近隣には、物語のなかでアンが孤児院から引き取られた家「グリーンゲイブルズ」が残っており、2階にあるアンの部屋をはじめ、モンゴメリが描いた世界が再現されている。周辺にはモンゴメリが眠る墓地があり、「恋人の小径」や「お化けの森」など物語に登場するスポットも点在している。

モンゴメリーの足跡

1874年	プリンス・エドワード島のクリフトンで誕生
1876年	母クララが結核で他界、キャベンディッシュに住む母方の祖父母に引き取られ、大家族のなかで育つ
1890年	再婚してサスカチュワン州に住む父のもとに翌年まで滞在。初めて原稿が紙面に載る
1893年	プリンス・オブ・ウェールズ・カレッジの教員養成過程に入学
1894年	プリンス・エドワード島ビデフォードで教員に
1895年	ハリファクスのダルハウジー大学で聴講生として英文学を学ぶ
1896年	プリンス・エドワード島ベルモントで教員を務める。神学生エドウィン・シンプソンと婚約するが翌年破棄
1897年	プリンス・エドワード島ロウワー・ベデグで教鞭をとる
1898年	祖父が亡くなり、キャベンディッシュへ戻る
1901年	ハリファクスの新聞社で記者を務める
1905年	牧師のユーアン・マクドナルドと婚約
1908年	『赤毛のアン』出版
1911年	祖母が他界。7月に挙式し、オンタリオ州リースクデイルの牧師館へ
1912年	長男を出産、『アンの友達』出版
1914年	次男を死産
1915年	三男を出産、『アンの愛情』出版
1923年	『可愛いエミリー』出版
1926年	オンタリオ州ノーヴァルへ転居
1935年	トロントの旅路の果て荘へ転居
1939年	『炉辺荘のアン』出版、最後の帰郷
1942年	トロントで他界

ヘミングウェイがかわいがった猫の子孫が住み着いていることでも知られるキーウエストの邸宅

大作をもたらしたカリブでの生活

アーネスト・ヘミングウェイの家

ERNEST HEMINGWAY　1899–1961

1926年発表の『陽はまた昇る』が高く評価され、失われた世代の代表作となる。その後、自分の戦争体験を反映した『武器よさらば』、老漁師を主人公にした『老人と海』、スペイン内線を題材とした『誰がために鐘はなる』など数々の名作を発表したが、航空機事故の後遺症に悩み、1961年に自ら命を絶った。

邸宅内には当時の調度品が残る。一家は結婚生活の破綻とともに離れていった

ヘミングウェイはイリノイ州オーク・パークで生まれ、7歳のときに近隣の新居へ引っ越している。この家の建築資金を出し、自ら設計も手がけたのは声楽家でもあった彼の母だった。一方、父は狩猟や釣りを愛し、その趣味はヘミングウェイへと受け継がれることとなる。

彼は故郷を離れたあと、さまざまな土地に居を構えたが、その足跡が残る代表的な場所として、フロリダ州キーウエストとキューバが挙げられる。キーウエストはカリブ海に浮かぶ小さな島で、彼がパリでの生活を終え、2番目の妻ポーリーンとともに移ってきたのは28歳のときだった。ふたりは妻の叔父が提供した資金で白亜の邸宅を購入。アンティークの家具や調度品はすべて『ボーグ』誌の記者をしていたポーリーンが選んだものだった。

ヘミングウェイは生涯4度結婚しているが、3番目の妻となるマーサとの出会いをきっかけに、ポーリーンとの生活は1939年の暮れで終焉を迎える。彼女は子どもたちを連れて家を出ていき、年が明けるとヘミングウェイはキューバのハバナへと移った。この街のホテルを拠点に『誰がために鐘はなる』を書き上げ、その印税によって購入したハバナ郊外の高台にある邸宅「フィンカ・ビヒア」へと移り住む。

その敷地に新たに建てたホワイトタワーの4階に書斎はあったが、ヘミングウェイは寝室の立ち机でも執筆していた。また、カジキ釣りに熱中していた彼は、1952年には近隣の漁船コヒマルの漁師を描いた『老人と海』を出版。コヒマルは彼の愛艇ピラール号を係留していた場所で、そのコック兼船長は主人公のモデルのひとりでもあった。

20年にも及ぶキューバでの生活の拠点となったフィンカ・ビヒア

主催の釣り大会にはカストロも参加

ハンティングを趣味にし、アフリカまで出かけていたヘミングウェイらしく、フィンカ・ビヒアには至るところに彼の獲物が剥製となって飾られている。そして、もうひとつの趣味がフィッシング。もともと幼い頃から川釣りを楽しんでいた彼だが、キーウェストに転居して以来、カジキ釣りに魅了される。

１９３３年には、ニューヨークで自らの漁船まで建造した。それがキューバ時代も相棒として活躍することになるピラール号で、現在はフィンカ・ビヒアの敷地内に展示されている。ヘミングウェイはキューバでカジキ一本釣りの大会も開き、フィデル・カストロが優勝したこともあった。この大会はヘミングウェイ・カップとして彼が亡くなったあとも長年開催されている。

自ら釣り上げた巨大なシロカジキと記念撮影するヘミングウェイ

リビングにはアフリカでのハンティングで捕らえた動物が剥製になって並ぶ

ヘミングウェイの足跡

1899年	シカゴ近郊のオーク・パークで誕生
1900年	北ミシガンのワルーン湖畔に一家の別荘が建てられる
1917年	高校卒業後カンザスの新聞社に入社
1920年	トロントへ移住、トロントスター社と執筆契約
1921年	ハドレー・リチャードソンと結婚、パリへ
1923年	『三つの短編と十の詩』出版 トロントスター社の職を辞する
1926年	『陽はまた昇る』出版
1927年	1月にハドレーと離婚、5月にポーリーン・ファイファーと結婚
1930年	キーウエストの家を購入
1933年	ピラール号を建造
1937年	『持つと持たぬと』出版
1940年	『誰がために鐘はなる』出版。ポーリーンと離婚し、マーサ・ゲルホーンと結婚。フィンカ・ビヒアを購入
1945年	マーサと離婚
1946年	メアリー・ウェルシュと結婚
1952年	『老人と海』出版
1953年	ピューリッツァー賞を受賞
1954年	ノーベル賞を受賞。立て続けの飛行機事故で、後遺症に悩まされる
1959年	キューバ革命が起こる
1961年	アイダホ州ケチャムの自宅で猟銃自殺

ヘミングウェイが通ったハバナのバー。ラム酒たっぷりのダイキリがお気に入りだった

中国の鎮江市に今も残る洋風の住居でバックは幼少期を過ごした

アメリカ人女性として初めてのノーベル賞作家の故郷・中国

パール・S・バックの家

PEARL SYDENSTRICKER BUCK 1892–1973

宣教師をしていた両親のもと中国で育ち、貧しい農民を主人公に中国社会を描いた『大地』でピューリッツァー賞を受賞する。1938年にはノーベル文学賞も受賞。ノンフィクションや児童書も手がけ、知的障害のある実の娘キャロルとの生活についての手記『母よ嘆くなかれ』も知られている。

パール・S・バックは、中国で長老教会の宣教師をしていた両親がアメリカに一時帰国していたときに、ウエストバージニア州で生まれた。一家は彼女が生後４ヶ月のときに再び中国へと旅立ち、彼女は人生前半のほとんどをこの国で過ごすことになる。そのうち計18年間暮らしたのが南京の東にある鎮江市で、一家は東インド様式とも呼ばれるレンガ造りの家に住んでいた。

現在、この建物の正面には「賽珍珠故居」の看板が掲げられている。賽珍珠とは彼女の中国名。幼い頃から母親と中国人家庭教師から教育を受けたバックは地元の学校にも通い、英語と中国語双方を話すことができた。アメリカの女子大を１９１４年に卒業し、中国へ戻った彼女は農業経済学者のジョン・ロッシング・バックと１９１７年に結婚。新婚生活を安徽省の農村で送り、この頃の経験は、『大地』に反映された。

１９２０年からは夫婦ともに南

洋風の邸宅のなかには中国の雰囲気も漂う

帰国後、長年を過ごしたペンシルバニア州パーカシーの家の書斎

京大学に職を得て構内に居を構えていた。南京での生活は１９３３年まで続くが、１９２７年には南京事件が勃発。このとき、避難して長崎の雲仙に滞在したこともあった。創作活動は１９２０年代に始め、２作目として１９３１年に出版したのが大ベストセラーの『大地』で、翌年にはピューリッツァー賞、１９３８年にはノーベル賞を受賞することになる。

彼女が中国での暮らしを終えたのは１９３４年のこと。その背景には中国の情勢に加え、知的障害があってアメリカの施設に預けていた娘キャロルの存在もあった。帰国後、彼女はペンシルバニア州に家を購入し、出版社の社長で再婚相手のリチャード・ウォルシュとともに人道的な活動も積極的に行った。

パール・S・バックの足跡

1892年	ウエストバージニア州ヒルスボロで誕生。生後まもなく、長老教会の宣教師だった両親とともに中国・江蘇省鎮江へ
1911年	アメリカのランドルフ・マコン女子大へ進学。卒業後、母の看病のため中国へ
1917年	ジョン・ロッシング・バックと結婚
1920年	長女キャロルが誕生
1926年	コーネル大学で修士号を取得
1927年	南京事件が勃発。長崎の雲仙へ一時的に避難
1929年	キャロルをニュージャージー州のトレーニングスクールへ預ける
1930年	『東の風、西の風』発表
1931年	『大地』出版
1932年	ピューリッツァー賞を受賞、『息子たち』出版
1934年	アメリカへ帰国
1935年	『分裂せる家』出版。バックと離婚し、ウォルシュと結婚
1938年	ノーベル文学賞受賞
1941年	『支那の空』出版
1943年	『水牛飼いの子どもたち』出版
1949年	養子仲介機関ウェルカムハウスを設立
1960年	ウォルシュが他界
1964年	孤児らを支援するパール・バック財団を設立
1973年	バーモント州ダンビーで他界

アトランタ市街地にあるマーガレット・ミッチェル・ハウス。1990年代に2度火災に遭ったのち、修復されて公開されている

けがの功名で生まれた『風とともに去りぬ』

マーガレット・ミッチェルの家

MARGARET MITCHELL 1900–1949

小説家。1922年から1926年までアトランタ・ジャーナルの記者として勤務。1926年、けがで療養中に『風とともに去りぬ』の執筆を開始する。その後、執筆を中断していたが、1935年に原稿を編集者に見せたことから翌年の出版に繋がり、ベストセラーとなる。翌年ピューリッツァー賞を受賞した。

南北戦争前後の南部アトランタ州が舞台の長編小説『風とともに去りぬ』。この1作品だけで、マーガレット・ミッチェルは文学史にその名を刻むこととなった。

マーガレットは、南北戦争から35年が経った1900年にジョージアの州都アトランタで弁護士の娘として生まれ、退役軍人らからかつての戦争の話を聞いて育った。

1920年に一度結婚するもすぐに破綻。その後1925年に彼女はジョン・マーシュと再婚し、アトランタの市街地にあるアパートに入居する。このアパートはもともと1899年に完成したチューダーリバイバル様式の3階建ての住居で、1919年に10戸からなるアパートに改装されていた。ふたりは1階の1号室で暮らし、マーガレットはこのアパートを「ダンプ」とも呼んでいた。

転居の翌年、マーガレットは『風とともに去りぬ』の執筆にとりかか

マーガレットたちが暮らした1階の部屋は当時のアパートの姿で再現されている

質素なデスクの上にはタイプライターのレプリカが展示されている

る。当時、彼女はアトランタ・ジャーナルの記者として日曜版でコラムを執筆していたが、足を負傷し、療養生活を強いられることに。そのとき、夫の助言もあって、長編の創作を始めたのだった。『風とともに去りぬ』は執筆開始から10年の月日を経て出版され、発売から1年で１５０万部の売上を記録することになる。夫妻が現在は博物館も兼ねたマーガレット・ミッチェル・ハウスとして知られているアパートに住んでいたのは１９３２年までで、次の住居として引っ越した近隣のアパートで作品は完成。１９３６年にはピューリッツァー賞を受賞、３年後には映画化もされてこちらも成功を収めた。しかし、マーガレットはその他の作品を発表することなく、交通事故によって１９４９年にこの世を去った。

マーガレット・ミッチェルの足跡

1900年	ジョージア州アトランタで誕生
1912年	ピーチトリーストリートの新築の邸宅へ
1914年	ワシントン女学院に入学
1918年	マサチューセッツ州のスミスカレッジに入学
1919年	母が亡くなり、アトランタへ戻る
1922年	レッド・アップショーと結婚するもすぐに破綻。アトランタ・ジャーナル社に入社
1924年	離婚が成立
1925年	ジョン・ロバート・マーシュと結婚。クレッセントアパートメントに入居
1926年	落馬で負傷し、退社。『風とともに去りぬ』の執筆を開始
1932年	ラッセルアパートメントへ転居
1935年	新人作家を発掘に来たマクミラン社の編集者に『風とともに去りぬ』の原稿を渡す
1936年	『風とともに去りぬ』出版。大ベストセラーになる
1937年	ピューリッツァー賞を受賞
1939年	ヴィヴィアン・リー主演の映画『風とともに去りぬ』が公開される
1949年	アトランタ市内で交通事故に遭い、5日後に他界

現在はレストランになっている生家は、ビクトリア様式のひとつ、クイーン・アン様式の建物。19世紀後半のアメリカで流行していた

作家を夢見た故郷が名作の舞台に

ジョン・スタインベックの家

JOHN STEINBECK　1902–1968

小説家、劇作家。スタンフォード大学を中退後、さまざまな職業に就きながら創作活動を行う。土地を追われてオクラホマからカリフォルニアへ移住する貧しい農民を描いた『怒りの葡萄』でピューリッツァー賞を受賞。その他の代表作に『二十日鼠と人間』や『エデンの東』などがある。1962年にノーベル文学賞を受賞している。

1952年にスタインベックが発表した『エデンの東』は、1939年に発表した『怒りの葡萄』とともに彼の代表作として知られる。スタインベック一族の歴史を作品のベースにしており、その舞台となるカリフォルニア州サリナスは、彼の故郷でもあった。

この街に今も残るヴィクトリア様式の生家はドイツ系移民の2世だった父が1900年に購入したもので、スタインベックはその翌々年に生まれた。現在、この家は修復されてレストランとなっており、その3ブロック先には国立の博物館スタインベックセンターも立っている。

彼は14歳の頃に執筆を仕事にすることを志し、高校時代はバスケットボールで活躍する一方で校内新聞にも寄稿していた。その後、スタンフォード大学を退学となり、ニューヨークに出て働きながら作家を目指したが、なかなか芽は出なかった。しかし、故郷に戻ったあとも創

サグ・ハーバーの家で猟銃をバックに佇むスタインベック

愛犬でスタンダード・プードルのチャーリーとともに

作を続け、１９２９年、『黄金の杯』でデビュー。１９３０年代にはO・ヘンリー賞やピューリッツァー賞を受賞するなど、作家としての揺るぎない地位を築いていった。

１９４０年代に入ると、スタインベックは長年を過ごしたカリフォルニア州を離れ、大学中退後に暮らしていたニューヨークでの生活を始める。セカンドハウスとして郊外のサグ・ハーバーにある家を購入したのは１９５５年のことだった。入り江を見渡せるこの場所を気に入った彼は、新たに眺めのよい６角形の小屋も建て、執筆の場としていた。晩年の作品の多くがここで書かれており、愛犬との旅を記した『チャーリーとの旅』は、サグ・ハーバーが出発地点になっている。

スタインベックの足跡

1902年	4人きょうだいの第3子（長男）としてカリフォルニア州モントレー郡サリナスで誕生
1920年	スタンフォード大学に入学。英文学や海洋生物学を学ぶ
1925年	大学を中退し、ニューヨークへ。レンガ運び、ペンキ屋など職を転々とする
1926年	カリフォルニアへ帰郷
1929年	長編小説『黄金の杯』出版
1930年	キャロル・ヘニングと結婚
1935年	『トーティヤ・フラット』出版。好評となり、本格的な作家生活へ
1937年	『二十日鼠と人間』がベストセラーに
1939年	『怒りの葡萄』出版。賛否両論を呼ぶ
1940年	ピューリッツァー賞を受賞
1942年	キャロルと離婚
1943年	グウィン・コンガーと結婚。ニューヨークへ転居。ニューヨーク・ヘラルド・トリビューンの特派員として戦地へ赴く
1944年	長男誕生。翌々年には次男が誕生
1948年	グウィンと離婚
1955年	サグ・ハーバーの家を購入
1960年	愛犬チャーリーと旅に出る
1961年	『われらが不満の冬』出版
1962年	ノーベル文学賞受賞。『チャーリーとの旅』出版
1968年	ニューヨークにて他界

Column《文豪の愛した宿》

チェルシー・ホテル

文豪やアーティストが暮らした伝説のホテル

2011年に惜しまれながら閉鎖されたニューヨークのチェルシー・ホテル。開業したのは1884年で、当時は街で有数の高層建築だった。当時は各戸が7室以上で構成されたアパートメントで、ヴィクトリア様式の調度品が部屋を彩っていた。1905年には長期滞在者用の部屋も用意した豪華ホテルへと鞍替え。マーク・トウェインやO・ヘンリーがこの頃の常連だった。両人ともペンネームだが、O・ヘンリーはさまざまな別名を使って宿泊していたといわれる。

その後、2度の大戦を経て、各戸が細切れにされて提供されると、名だたる作家や芸術家、ミュージシャンらがここで時を過ごし、ニューヨーク文化の重要な拠点となっていく。ウィリアム・バロウズやジャック・ケルアック、アンディ・ウォーホル、ボブ・ディラン、ジミ・ヘンドリクス、ジャニス・ジョプリン、シド・ヴィシャスなど、滞在した人物は枚挙にいとまがない。

劇作家アーサー・ミラーはマリリン・モンローと別れたあとに転居してきたこのホテルでの暮らしを短編に描き、アーサー・C・クラークはここで『2001年宇宙の旅』を書き上げた。一方、悲劇もある。イギリスの詩人・ディラン・トマスは、このホテルに滞在中に多量の飲酒のために亡くなっている。

数々の文豪たちが暮らした伝説のホテルは、閉鎖後にリニューアル工事が行われており、営業再開が待たれている。

Part 2

イギリスの文豪

チューダー朝時代の雰囲気を残す生家。左側でシェークスピアの父親が店を営み、一家の住居は右側にあった

今も多くの人を魅了する天才劇作家の原点

ウィリアム・シェイクスピアの家

WILLIAM SHAKESPEARE　1564–1616

後世の世界中の作家に大きな影響を与えた英文学を代表する人物。1590年代前半からロンドンで座付の作家として活動をはじめ、数々の悲劇、喜劇、ロマンス劇を創作し、詩も残した。代表作は四大悲劇といわれる『ハムレット』『マクベス』『オセロー』『リア王』や『ロミオとジュリエット』など。

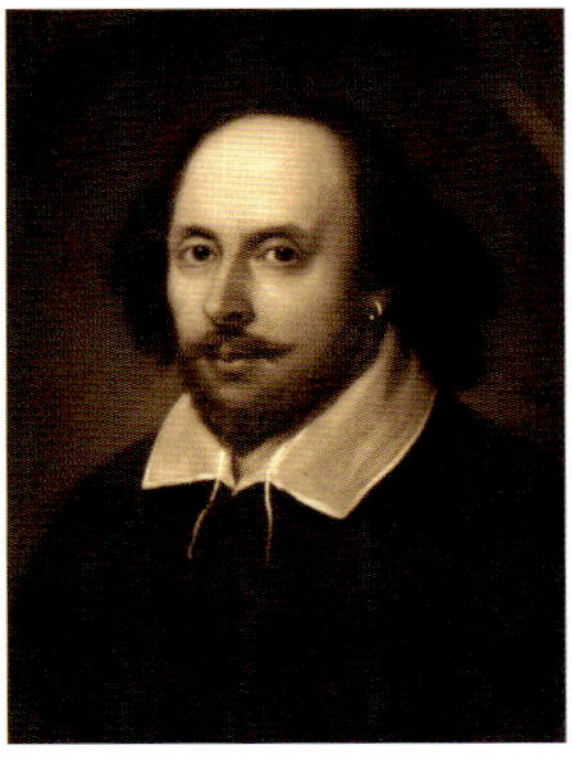

2016年で没後400周年となる世界を代表する劇作家ウィリアム・シェイクスピア。その生家は、イングランド中央部ウォリックシャー州ストラトフォード・アポン・エイヴォンのヘンリー・ストリートにある。革職人をしていた父親が購入した家は、二軒を一軒としたもので、住居と工房に分けて使っていた。シェイクスピアは、エイヴォン川の畔に広がるこの街で育ち、18歳のときに近所に住んでいた8つ歳上のアン・ハサウェイと結婚。20歳にして双子を含む3人の子の父親となる。彼が劇作家としての道を歩み始めたのは、妻子を残してこの街を出て行き、ロンドンで演劇の世界へ飛び込んでからのことだ。当初は役者をしていたが、やがて劇作家として活躍しはじめ、1592年頃から約20年の間に37の戯曲を含む数々の名作を世に送り出した。

　大成功を収めた彼は、1597

シェイクスピアが生まれたとされる部屋には天蓋付きのベッドが置かれ、小物とともに当時の姿を再現している

この地で2番目に大きな建物だったニュープレイスの跡地は庭園に。奥はシェイクスピアの孫娘の夫・ナッシュの家

年には生まれ故郷で「ニュープレイス」と呼ばれる家を購入している。大富豪が建てた豪邸で、シェイクスピアは1613年頃に引退してロンドンから戻ると、1616年に亡くなるまでこの家で過ごした。この家は、18世紀にはすでにシェイクスピアファンの巡礼先となっていたが、それをよく思わない当時の所有者の牧師によって取り壊されてしまい、現在は庭園となっている。

また、ストラトフォード・アポン・エイヴォンの街には、妻アンの実家やシェイクスピアが内陣に埋葬された教会も残っている。その他に、彼の名を冠した劇場もあり、その足跡を辿って人口3万人ほどの街にやってくる観光客は、年間で50万人を超える。

シェイクスピアの足跡

1564年	ウォリックシャー州ストラトフォード・アポン・エイヴォンで誕生
1582年	アン・ハサウェイと結婚
1583年	長女スザンナ誕生
1592年頃	ロンドンで劇作家として活躍。『ヘンリー六世』３部作に続いて『リチャード三世』などを発表
1594年	宮内大臣一座（のちの国王一座）を結成。座付作家となる
1595年	『ロミオとジュリエット』『夏の夜の夢』発表
1596年	『ヴェニスの商人』発表。長男ハムネットが夭折
1597年	ニュープレイスを購入
1598年	『から騒ぎ』発表
1599年	宮内大臣一座の新本拠地グローブ座がテムズ川南岸に開場。『お気に召すまま』発表
1601年	『ハムレット』発表
1603年	ジェームズ六世が即位、宮内大臣一座は国王一座に
1604年	『オセロー』発表
1605年	『リア王』発表
1606年	『マクベス』発表
1610年	『冬物語』発表
1613年頃	引退し、故郷へ
1616年	他界

コテージは一般に公開されており、17世紀の初版本や晩年のミルトンが使用していたとされる椅子などが展示されている

盲目の大詩人が口述による大作を実らせたコテージ

ジョン・ミルトンの家

JOHN MILTON　1608–1674

17世紀イギリスを代表する詩人・思想家・革命家。ロンドンの裕福な家庭に生まれ、ケンブリッジ大学に在学中から詩人を志す。1630年代には仮面劇『コーマス』や「リシダス」を発表。後年は過労がたたって失明したものの、王政復古後の1667年には叙事詩『失楽園』を出版。71年にはその続編となる『復楽園』を発表した。

ロンドンの裕福な公証人の家庭に生まれたミルトンは、勤勉な少年で、英国国教会の聖職者となるべくケンブリッジ大学へ進んだ。在学中に住んでいたクライスツ・カレッジの庭にある桑の木は、彼にちなんでミルトンの木と呼ばれている。彼はここで修士号を取得する一方でピューリタリズムに傾倒。詩人の道を歩み始め、卒業後は6年ほど父の別荘で古典を研究しながら詩作をしていた。

清教徒革命の時期には、詩作からは離れてクロムウェル政権のラテン語書記を務めており、チャールズ1世の処刑で非難される清教徒側を擁護した論争的な散文を発表している。しかし、過労によって1652年に失明。また、共和制も長くは続かなかった。

王政復古後、彼は再び詩の世界へ戻った。失明したミルトンが口述する詩を書き留めるのは、娘のひとりデボラらの役目だったといわれる。

コテージの保存にはビクトリア女王も協力。現在の女王エリザベス2世も訪れている

ミルトンは、1665年にそれまで暮らしていたロンドンを離れ、チャルフォント・セント・ジャイルズ村へ移っている。これは、当時、流行していたペストから逃れるためで、現在ミルトン・コテージと呼ばれる16世紀に建てられた家で暮らし、代表作『失楽園』を完成させた。地獄に堕ちたサタンが復讐のためにアダムとイブを誘惑するこの叙事詩は、1667年に出版されることになる。

彼がこの家で過ごした期間は短いが、現存する唯一のミルトンの住居でもあり、現在は記念館となっている。この物件をミルトンに紹介したのはかつての助手エルウッドだった。彼は『失楽園』を最初の読者として読んだ際に回復された楽園について尋ね、ミルトンが『復楽園』を書くきっかけを与えた人物でもある。

1651年から王政復古までミルトンが暮らしていたロンドン・ウェストミンスターの邸宅を描いた絵画（1851年の作品）

ミルトンの足跡

1608年	ロンドンで誕生
1625年	ケンブリッジ大学クライスツ・カレッジに入学
1629年	「キリスト生誕の朝に」を執筆
1931年頃	「快活の人」「瞑想の人」を執筆
1632年	文学修士を取得。ホートンにある父の別荘へ
1634年	仮面劇『コーマス』を執筆、上演
1637年	『コーマス』出版。「リシダス」を執筆
1638年	西ヨーロッパを周遊
1641年	『イングランド宗教改革論』出版
1642年	最初の妻メアリー・パウエルと結婚
1649年	清教徒革命で誕生した共和国政府のラテン語書記官に。チャールズ1世の処刑を擁護する
1652年	両目を失明
1660年	『自由共和国建設論』出版。王政復古で一時身柄を拘束される
1665年	ロンドンを離れチャルフォント・セント・ジャイルズへ
1667年	『失楽園』出版
1671年	『復楽園』『闘士サムソン』出版
1674年	他界

ライダルマウントは丘の中腹に立ち、その周囲には見事な庭園が広がる

詩作にインスピレーションを与えた湖水地方の風景

ウィリアム・ワーズワースの家

WILLIAM WORDSWORTH　1770–1850

14歳の頃から詩作を始める。ケンブリッジ大学を卒業後、フランス滞在を経て、1798年にロマン主義の新たな時代を告げる詩集となった『リリカル・バラッズ』を発表。その後、故郷の湖水地方に拠点を置きながら自然を讃えた詩作を発表する。1843年からはロバート・サウジーのあとを受けて桂冠詩人としての務めも果たした。

ライダルマウントのダイニングルーム。邸宅は庭園とともに一般公開されている

イングランド北西部の湖水地方と縁が深く、サミュエル・テイラー・コールリッジ、ロバート・サウジーらとともに湖水詩人と呼ばれるワーズワース。湖水地方の北西部にあるカンブリア州のコッカマスで生まれた彼は、大学に進学するまで自然が豊かなこの地方で育った。生家は父親が顧問弁護士をしていた貴族から借りていた家だった。彼はここで9歳まで過ごしたあと、同じカンブリア州のホークスヘッドにあるグラマースクールに通うため、兄とともに学校近くの下宿で暮らしていた。この生家と下宿はともに現存している。ケンブリッジ大学に進んだ彼が湖水地方へ戻ってきたのは1799年のことだった。ワーズワースは25歳のときに友人から遺産を相続したことで詩作に専念できる経済状況を手に入れており、1798年にはコールリッジとの共作詩集『リリカル・バラッズ』を発刊している。

　湖水地方に戻ってきた彼が住んだ家は「ダブコテージ」と呼ばれる。彼は創作の手助けをしていた妹ドロシーとともに暮らし、1802年には幼なじみのメアリーと結婚。1808年までこの家で過ごし、近辺を散策しながら詩のアイデアを練り、インスピレーションを得ていた。彼の書斎には机はなく、口述したものを妻やドロシーが書き留めて制作が進められ、この家に住んでいた時期には『水仙』『不滅の頌歌』など、数々の作品を発表している。その後、湖水地方のアランバンクなどを経て、1813年からはライダル湖を望む邸宅「ライダルマウント」で過ごした。彼は庭いじりも趣味で、ライダルマウントは庭園の美しさでも知られている。

詩人としてもっとも脂がのった時期を過ごしたダブコテージ

コッカマスの生家は1745年に建てられたもの。両親を亡くしたあとワーズワースらは生家を離れ、親戚に預けられて育った

ダブコテージはワーズワースらが住む前は旅籠だった時代もあった

静かな湖面に空が映るグラスミア湖。ダブコテージはこの湖のすぐそばにある

詩人ワーズワースを支え続けた妹ドロシー

幼い頃、スケートが上手だったというワーズワースは、野山の散策も好んでいた。彼と行動をともにしていたのが、１つ年下の妹ドロシーだった。

しかし、母の死後、ドロシーは親戚の家に預けられ、２人は離ればなれになってしまう。兄妹が再び生活をともにしたのは１７９５年のことだった。ワーズワースが詩人として歩み始めた頃で、感受性が豊かなドロシーは、口述筆記や家事の面で手助けするだけでなく、創作に重要な存在だったといわれている。

彼女は作家になる気はなかったが、文才に恵まれていたとされ、膨大な日記や旅行誌を書き記していた。その一部はワーズワースが著した湖水地方のガイドブック『湖水案内』にも引用されている。

ワーズワースの足跡

1770年	カンブリア州コッカマスで5人きょうだいの第2子として誕生
1787年	ケンブリッジ大に入学
1791年	大学を卒業し、フランスに滞在
1793年	最初の詩集出版
1795年	友人から遺産を受け取り、詩作に専念。妹ドロシーとともにドーセットで暮らす
1797年	サマセット州へ転居
1798年	コールリッジとの共著『リリカル・バラッズ（叙情歌謡集）』発表
1799年	ドイツ旅行ののち、湖水地方のダブコテージへ転居
1802年	幼なじみのメアリー・ハッチンソンと結婚
1803年	長男ジョンが誕生（1810年までに三男二女をもうける）
1807年	『二巻本詩集』出版
1812年	次男トーマスと次女キャサリンを相次いで亡くす
1813年	ライダルマウントへ転居。収入印紙販売人の職を兼ねる
1814年	『逍遥篇』出版
1843年	桂冠詩人に
1850年	他界。1798年から制作を続けていた大作が『ザ・プレリュード（序曲）』として死後に出版される

オースティンが執筆に没頭したチョートンの家は、裕福な家庭の養子になった兄エドワードが所有していた

正体を隠しながら女性の日常を描き続ける

ジェーン・オースティンの家

JANE AUSTEN 1775–1817

イギリスの田舎町に住む中流階級の若い女性が結婚に至るまでの紆余曲折を書いた『分別と多感』『高慢と偏見』『エマ』『マンスフィールド・パーク』『ノーサンガー・アベイ』『説得』という6つの長編小説を残した女性作家。日常の出来事を優れた描写で綴り、心理写実主義の先駆けともいわれている。

オースティンはピアノを使って弾き語りすることもあった

イングランド南部にあるスティーブントンで裕福な牧師の次女として生まれたジェーン・オースティン。彼女の主要な作品は地方で暮らす中流階級の娘が結婚に至るまでを描いたものだが、本人は生涯を独身で過ごした。ウィンチェスター郊外のチョートンという村に、彼女が暮らしたコテージがオースティン記念館として残っている。

生まれ故郷のスティーブントンや保養地としても知られていたバースなどを経て、オースティンが兄の保有していたこのコテージにやってきたのは1809年のこと。ここで彼女は、母や姉のカサンドラらとともに亡くなるまでの約8年間を過ごした。最初の長編小説『分別と多感』を発表したのは1811年。オースティンは20歳頃から長編小説を書いており、『分別と多感』や1813年発表の『高慢と偏見』は過去の作品を改稿したものだった。これらに続いて、『マンスフィールド・パーク』や『エマ』といった作品がチョートンでは執筆されている。ただ、彼女が生きていた時代はまだ女性が小説を書くことは珍しく、風当たりも強かった。そのため彼女も当初は匿名で作品を発表し、極めて親しい者以外には小説を書いていることすら打ち明けていなかったという。チョートンのコテージには開け閉めするとギィィと軋むドアがあり、訪問客らから正体を隠すのに一役買っていたといわれている。

また、1801年から1805年にかけて暮らしていたバースは当時社交の場として栄えており、彼女の作品に大きな影響を与えた。現在はジェーン・オースティン・センターという資料館が設けられている。

公開されているダイニングルームには、オースティンが使用した12角形の小さなデスクも置かれている

オースティンが新しい10ポンド紙幣の顔に

イギリスの中央銀行であるイングランド銀行では、２０１７年からジェーン・オースティンの肖像を印刷した新10ポンド紙幣を流通させることが決まっている（２０１６年８月現在）。オースティンの作品には普遍的な魅力があり、イギリスのもっとも偉大な作家のひとりであるとして、科学者ダーウィンからその座を受け継ぐことになった。肖像の背景には兄エドワードが暮らし、オースティンもたびたび訪れていたゴッドマーシャムパークが描かれ、彼女がチョートンで愛用していた12角形の机もデザインに活かされる。また、『高慢と偏見』の主人公エリザベス・ベネットが姉ジェーンからの手紙を読む様子のイラストやエリザベスについてのミス・ビングリーのセリフなども記される予定だ。

その形が新紙幣のデザインにも活かされたオースティンの机

オースティンが5年間暮らしたバースの家。『ノーサンガー・アベイ』や『説得』ではこの地が舞台として描かれた

ジェーン・オースティンの足跡

1775 年	8人きょうだいの第7子としてスティーブントンで誕生
1783 年	オックスフォードの寄宿学校に入学。短期間で実家に戻る
1785 年	レディングの寄宿舎学校へ
1786 年	実家に戻り、家族から教育を受ける
1789 年	小説を書き始める
1792 年	社交界デビュー
1795 年	『分別と多感』のもとになる『エリナとメアリアン』を執筆
1796 年	『高慢と偏見』のもとになる『第一印象』を執筆
1798 年	『ノーサンガー・アベイ』の原型となる『スーザン』を執筆
1801 年	一家がバースへ移住
1805 年	父が他界。兄弟からの援助を受けて生活し、親戚の家などを経てサウサンプトンの借家へ
1809 年	兄エドワードが所有するチョートンのコテージへ
1811 年	『分別と多感』を匿名で出版
1813 年	『高慢と偏見』出版
1814 年	『マンスフィールド・パーク』出版
1815 年	『エマ』出版
1817 年	療養先のウィンチェスターで他界
1818 年	死後、『ノーサンガー・アベイ』『説得』が出版される

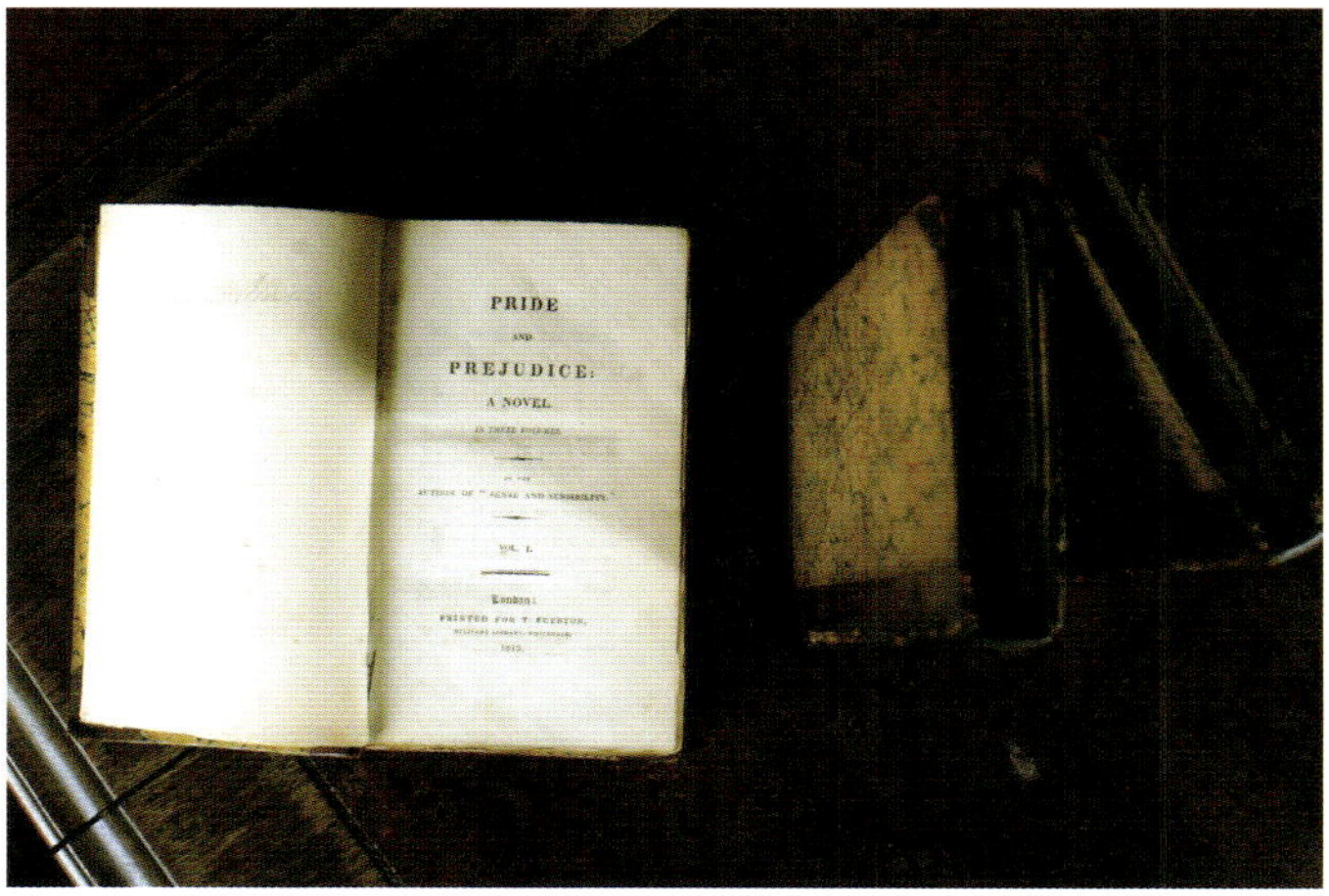

『高慢と偏見』など彼女の作品は当初、匿名で出版されていた

ディケンズはポーツマスにある4つの建物が連なった赤煉瓦のテラスハウスで生まれた

作家として花開き手に入れた幼少期の思い出の家

チャールズ・ディケンズの家

CHARLES DICKENS　1812–1870

貧しい少年時代を送ったのち、新聞記者をしながら創作を開始。孤児の成長を描いた『オリヴァー・ツイスト』、ロンドンとパリを舞台にした歴史小説『二都物語』など数々の名作を発表し、イギリス文学を代表する小説家となった。毎年クリスマス物語を発表しており、その第一作『クリスマス・キャロル』が特に知られている。

生家博物館はディケンズが生まれた当時流行していたリージェンシー様式の家具が揃えられている

1812年、ハンプシャー州ポーツマスで8人きょうだいの第2子、長男として生まれたディケンズ。彼は海軍の下級官吏だった父の転勤に伴い、幼少期をさまざまな土地で過ごした。なかでも5歳から5年ほどを過ごしたケント州の港町チャタムは彼にとって思い出深い土地だった。一家は中流階級だったものの、父母ともに浪費癖があったことから、家計は徐々に逼迫。そのため、ロンドンに住んでいた12歳のときにディケンズは靴墨工場で働く苦い経験までしている。最終的に借金で首が回らなくなった父親は債務者監獄送りとなり、ディケンズをのぞく一家は監獄内で生活していた。その後に祖母が亡くなったことで、遺産を得た一家は監獄暮らしを終え、ディケンズも再び学校へ通うことが可能になった。

彼は法律事務所の事務員、民事法廷の記者や新聞記者を経て、20代半ばには『ピクウィック・ペイパーズ』『オリバー・ツイスト』などを発表。早くも作家としての成功を掴む。のちに10人の子どもを設けることになる妻らとこの頃暮らしていたアパートは、ロンドンのダウティ・ストリートにあり、現在は博物館となって公開されている。

月日は流れて1856年、国民的作家となっていたディケンズはチャタムに近いロチェスターで売りに出されていた豪邸を購入する。「ギャッズ・ヒル・プレイス」と呼ばれるこの家は、幼いディケンズが父から「懸命に働けば、いつかはお前もこんな家に住める」と言われて憧れを抱いた思い出の家だった。1857年以降、亡くなるまでこの家で春から夏を過ごし、プレゼントされた山小屋（シャレー）をスイスから移築して書斎にしていた。

ディケンズが25歳のときに転居してきたダウティ・ストリートの住居。12の部屋があり、妻子や実弟、妻の妹らと暮らしていた

悲劇にも遭遇したキャリア初期の家

ロンドンのダウティ・ストリートにあるディケンズの旧居は、現在博物館としてギャッズ・ヒル・プレイスにあった家財なども展示している。この建物で彼は１８３７年から39年末まで暮らしていたが、転居して間もなく、悲劇に見舞われる。妻キャサリンの妹で同居していたメアリーが17歳で急死。彼はキャサリンよりもメアリーに想いを寄せていたといわれ、ショックで一時執筆できなくなるほどだった。

当時創作していたのは、前年から月刊分冊で発表していた『ピクウィック・ペイパーズ』や連載開始したての『オリバー・ツイスト』で、悲しみを乗り越えて執筆を再開、名声を得ることとなる。なお、キャサリンとは彼の浮気などが原因でのちに離婚している。

博物館となったダウティ・ストリートの住居にはディケンズ縁の品々が1万点以上集められている

ディケンズは1859年に雑誌『All the Year Round』を創刊。事務所があったロンドンの建物には現在、彼の名を冠したコーヒー店がある

ディケンズの足跡

1812年	ポーツマス郊外で生まれる
1824年	靴墨工場で働く。父が破産し、ディケンズをのぞく一家は債務者監獄で一時生活する
1828年	法律事務所での勤務を経て法廷速記者に
1830年	新聞記者に転職
1833年	初めて作品が雑誌に掲載される
1836年	『ボズのスケッチ集』出版。月刊分冊で全20冊からなる『ピクウィック・ペイパーズ』を発刊。キャサリン・ホガースと結婚
1837年	月刊誌の編集長に任命され、同誌で『オリバー・ツイスト』の連載を開始
1842年	半年間のアメリカ旅行後、『アメリカ覚え書き』出版
1843年	『クリスマス・キャロル』出版
1849年	『デイヴィッド・コパフィールド』を連載開始
1856年	ギャッズ・ヒル・プレイスを購入
1858年	妻と別居
1859年	『二都物語』連載開始
1860年	『大いなる遺産』連載開始
1867年	アメリカ朗読旅行へ
1870年	他界

幼い頃からの憧れだったギャッズ・ヒル・プレイスでディケンズは『大いなる遺産』などを執筆した

妹が暮らしたハワースの牧師館。現在は博物館として公開されている

3姉妹が残した作品の舞台、ハワース

ブロンテ姉妹の家(シャーロット、エミリー、アン)

THE BRONTË SISTERS(CHARLOTTE BRONTË,EMILY BRONTË,ANNE BRONTË)
CHARLOTTE 1816–1855, EMILY 1818–1848, ANNE 1820–1849

ヨークシャー地方で牧師をしていたブロンテ夫妻の1男5女のうち、作家となった三女シャーロット、四女エミリー、五女アンの3姉妹。1847年にシャーロットの『ジェイン・エア』、エミリーの『嵐が丘』、アンの『アグネス・グレイ』を変名で出版。姉妹が暮らしたハワース周辺には、作品のモデルが点在する。

『嵐が丘』の舞台「トップ・ウィズンズ」のモデルとなった廃墟。周辺にはヒースが生い茂る

イングランド北部ヨークシャー地方のソーントンで牧師をしていたパトリック・ブロンテとマリアの夫妻には1男5女計6人の子がいた。このうち、三女シャーロットと四女エミリー、そして五女のアンはのちに作家ブロンテ姉妹として知られることになる。末っ子のアンが生まれた1820年に一家はソーントンから同じヨークシャーのハワースに引っ越し、この街の牧師館で暮らしはじめた。しかし、その翌年、母マリアが病死。悲劇はこれで終わらず、アンをのぞく姉妹4人が進んだ寄宿舎学校での衛生状態が悪かったために、1825年に長女と次女が早逝し、シャーロットとエミリーもハワースに戻された。

そんななか、三姉妹と唯一の男児だったブランウェルは父からおもちゃの兵隊をもらったのをきっかけに、妄想の話を作って楽しむようになった。やがて成長した姉妹は住み込みの家庭教師や学校教員として働いたり、海外へ留学したりするなかで、作品のモデルとなる場所や人物と出会っていく。1846年には、3姉妹による『詩集』(カラー、エリス、アクトン・ベル名義)を出版。この本は2冊しか売れなかったが、続く1847年にはそれぞれの作品が次々と出版された。しかしエミリーはその翌年に病死し、『嵐が丘』が唯一の小説となってしまった。次の年にはアンが結核で亡くなり、シャーロットも結婚後、1855年に父を残してこの世を去る。

療養先のスカーブラに埋葬されたアン以外は、牧師館の前にある墓地で眠っている。ハワースを舞台にした『嵐が丘』に代表されるように、姉妹の作品はハワース周辺との繋がりが深く、一帯はブロンテ・カントリーとも呼ばれている。

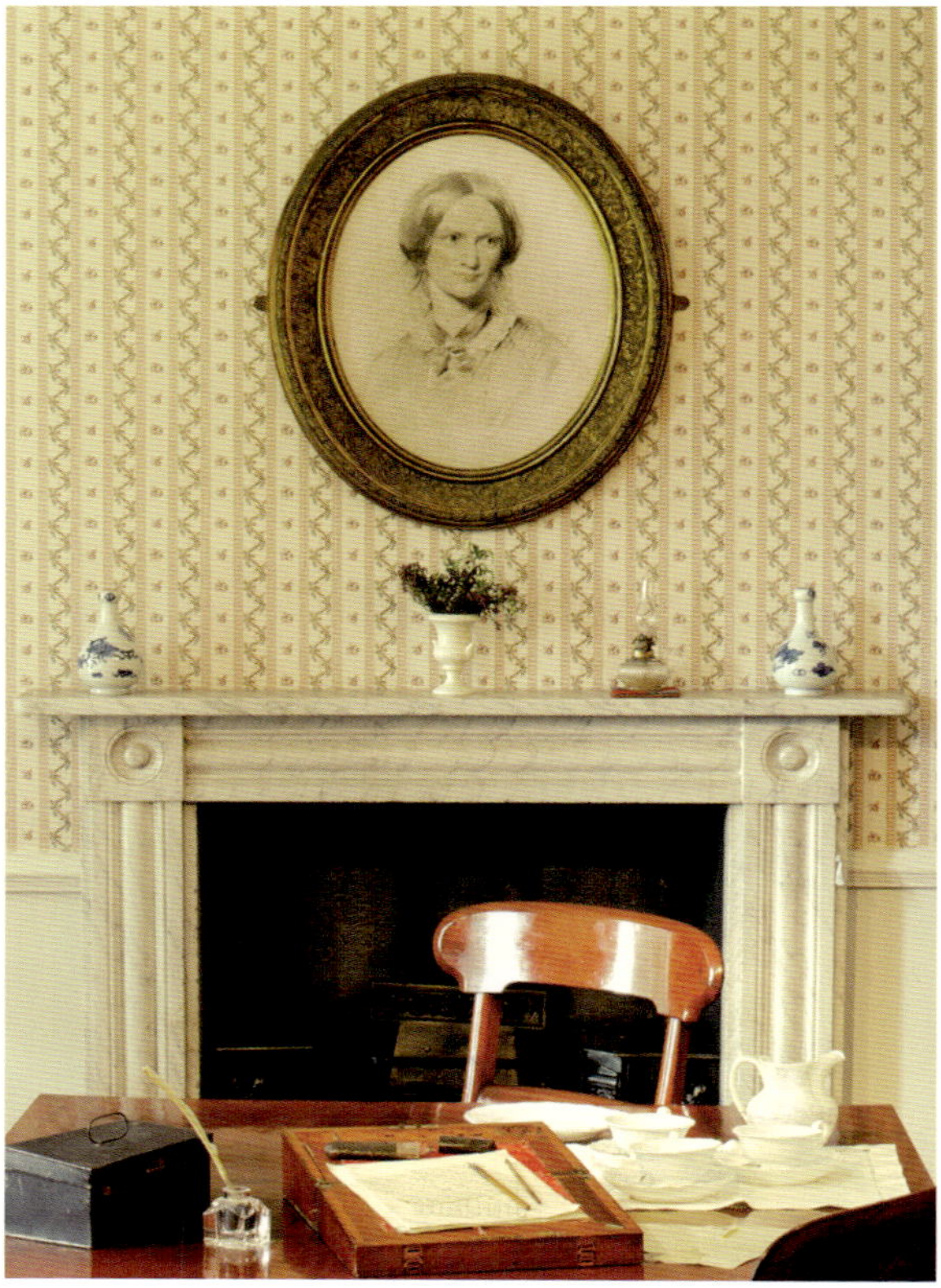

かつてのダイニングにはシャーロットの肖像画が飾られている

牧師館に隣接する教会の墓地にはシャーロットやエミリーが眠る

兵隊の人形が創作の原点に

ハワース周辺や通学先、家庭教師先などをモデルとして作品を執筆したブロンテ姉妹。彼女たちは幼い頃から牧師館で競い合うように創作力を磨いてもいた。それに大きく貢献したのが、2人の姉を亡くした翌年に父親がブランウェルに買って来た12体の兵隊人形だ。姉妹とブランウェルの4人はそれぞれ自分の人形を選んで名前をつけると、空想の物語を作って遊ぶようになり、これらはミニチュアサイズの豆本に書き記された。やがて4人は2組に分かれて創作を続け、シャーロットとブランウェルは『アングリア物語』、エミリーとアンは『ゴンダル物語』を執筆した。彼らの死後、『アングリア物語』のみが出版されている。

姉妹が紡ぎあった物語が記された豆本

姉妹のなかでもっとも長生きしたシャーロットは、父とともに働いていた副牧師のアーサーと結婚。しかし、妊娠中毒症になり、38歳でなくなった

ブロンテ姉妹の足跡

1816年　ソーントンの牧師パトリック・ブロンテの三女としてシャーロットが誕生
1818年　四女エミリーが誕生
1820年　五女アンが誕生。ハワースの牧師館へ転居
1821年　母マリアが死去。母の妹エリザベスが家族の世話をするために同居
1842年　シャーロットとエミリーがブリュッセルに留学
1846年　『詩集』（カラー、エリス、アクトン・ベル名義）を自費出版
1847年　シャーロットの発案でそれぞれが小説を出版社へ送り、シャーロットの『教授』以外は出版が決定。10月、シャーロットが別の出版社へ送った『ジェイン・エア』が出版（カラ・ベル名義）される。エミリー『嵐が丘』（エリス・ベル名義）とアン『アグネス・グレイ』（アクトン・ベル名義）が12月に出版される
1848年　アン『ワイルドフェル屋敷の人々』（アクトン・ベル名義）出版。9月ブランウェルが死去。12月にエミリーが死去
1849年　5月、アンが療養先のスカーバラで死去。10月、シャーロット『シャーリー』出版
1853年　シャーロット『ヴィレット』出版
1854年　シャーロットとアーサー・ニコルズが結婚
1855年　シャーロット死去
1857年　シャーロット『教授』出版

『ジェイン・エア』で描かれる学校のモデルとなったコワン・ブリッジ・スクール。姉2人はここで肺炎にかかり亡くなった

キャロルの妹たちが暮らしたチェスナッツ邸は、彼の最期の場所となった

ひとりの少女との出会いが生んだ物語

ルイス・キャロルの家

LEWIS CARROLL　1832–1898

母校オックスフォード大学クライスト・チャーチ・カレッジで長年暮らし、数学講師として勤務する一方で、児童文学を創作。親交のあった少女アリスをモデルにした『不思議の国のアリス』や『鏡の国のアリス』などを発表した。ルイス・キャロルはペンネームで、数学者チャールズ・ドジソンとしても書籍を残している。

チャールズ・ドジソンことルイス・キャロルは、聖職者だった父の母校でもあるオックスフォード大学クライスト・チャーチ・カレッジに進学、卒業後も学校に残って数学講師などを務めた。65歳で亡くなるまでこの学寮内に住み続けた彼が『不思議の国のアリス』を生んだ背景には、ある少女との出会いがあった。

１８５５年、キャロルが23歳のときに新学寮長のヘンリー・リデルが赴任。子ども好きだったキャロルはリデル一家の子どもたちともすぐに打ち解ける。そのひとりが、次女のアリスだった。ある日、リデル家の3姉妹らとテムズ川へ川遊びに出かけたキャロルは、アリスと同名の少女が登場する冒険物語を即興で話す。この話を気に入ったアリスに対し、キャロルは挿絵も自ら手書きした『地下の国のアリス』をクリスマスプレゼントとして贈った。『不思議の国のアリス』は、これに加筆して挿絵をジョン・テニエルが担当し

クライスト・チャーチ・カレッジの食堂・グレートホール。キャロルの肖像画も飾られ、ステンドグラスに『不思議の国のアリス』の世界が描かれている

キャロルが撮影したアリス・リデル。ボロボロの服を衣裳として身にまとっている

たものだった。作品が成功したこともあって1868年以降、キャロルは中庭に面して数部屋が続きになった学寮内の家賃のもっとも高い住居で暮らし始める。また、彼は写真にも没頭し、学寮の屋上に小さなスタジオを設けていた。子どもたちが被写体になることも多く、アリスをはじめリデル家の子どもたちの写真も残されている。

1868年には父が亡くなり、ドジソン一家はキャロルが11歳のときから住んでいたヨークシャー州の家を離れることとなった。新たな家はサリー州ギルフォードの「チェスナッツ邸」と呼ばれる家で、1898年、キャロルはここに妹たちを訪ねた際に風邪をこじらせてこの世を去っている。

ルイス・キャロルの足跡

1832年	チェシャー州ウォーリントン郊外で11人きょうだいの第3子（長男）として誕生
1843年	牧師だった父の転任に伴いヨークシャー州クロフトへ
1846年	リッチモンドの学校を経てラグビー校へ入学
1851年	オックスフォード大学クライスト・チャーチ・カレッジへ入学。母が亡くなる
1854年	卒業後、特別研究生として大学に残り数学講師も務める
1855年	ヘンリー・リデルがクライスト・チャーチ・カレッジの学寮長として赴任
1856年	カメラを購入、写真を趣味とする
1862年	リデル家の姉妹らと川遊びに出かけ、アリスを主役にした物語が誕生。『地下の国のアリス』をアリスに贈る
1865年	『不思議の国のアリス』出版
1867年	数学書『行列式初歩』出版
1868年	父が死去。残された家族はサリー州ギルフォードへ
1871年	『鏡の国のアリス』出版
1876年	『スナーク狩り』出版
1881年	数学講師の職を辞し、個人教授は継続
1889年	『シルヴィーとブルーノ』出版
1893年	『シルヴィーとブルーノ・完結編』出版
1897年	『記号論理学』出版
1898年	ギルフォードで他界

マックスゲートは現在、ナショナル・トラストが管理。ハーディの死後に妻が家財を売り払ったため、同時代の家財を用いて当時の部屋を再現している

自らが設計した家で故郷「ウェセックス」の物語を執筆

トーマス・ハーディの家

THOMAS HARDY　1840–1928

建築家として働きながら創作に励み、処女作『窮余の策』を匿名で発表。やがて文筆業に専念するようになり、元建築家の腕を活かして設計した家で作品を執筆。1890年代には代表作として知られる『テス』や『日陰者ジュード』を発表する。故郷ドーセット地方（ウェセックス）を小説の舞台としていることでも知られている。

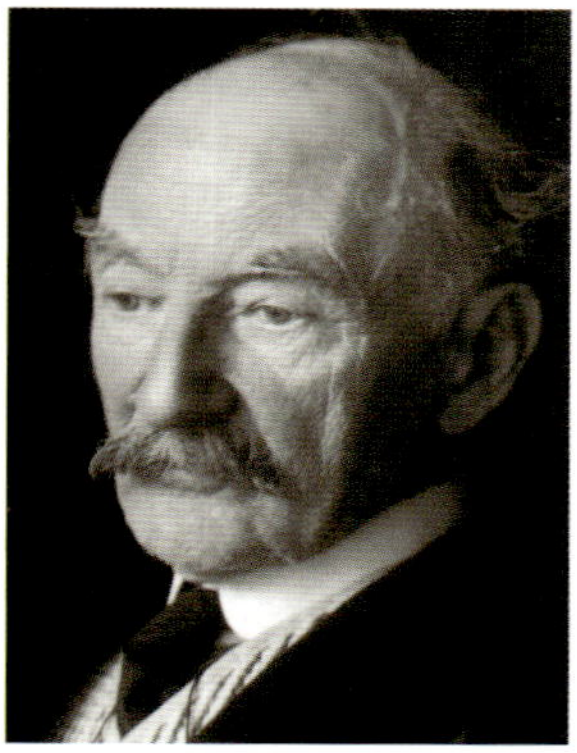

「文豪と家」という関係性において、ハーディは他の文豪たちと一線を画す。なぜなら彼は建築家でもあり、終の住処とした「マックスゲート」は、ハーディ自身の設計によって建てられたものだからだ。

ハーディは石工の父親と読書好きの母親の長男として1840年に生まれた。茅葺きの生家は緑豊かなドーセット州ハイアー・ボックハンプトンにある。この家で母親からの影響で文学に親しみながら育った彼は、16歳のときに教会建築家の弟子となり、1862年からは故郷を離れてロンドンの著名な建築家のもとで働いた。建築の仕事の傍らで詩を書きはじめ、1867年には生家に戻り、小説も執筆するようになる。当初は匿名で作品を発表していたものの、やがて見事に小説家として成功を掴みとった。1874年に最初の妻エマとの結婚を機に彼はロンドン郊外へと引っ越した

ハーディが生まれた茅葺きの家は、曾祖父が建てたもの。『緑の木陰』や『遥か群衆を離れて』はこの家で執筆された

マックスゲートの書斎のかつての様子。現在はドーセット州博物館に場所を変えて再現されている

トーマス・ハーディの足跡

1840年	ドーセット州ハイアー・ボックハンプトンで誕生
1856年	ドーチェスターの教会建築家ジョン・ヒックスの弟子になる
1862年	ロンドンで教会建築家のアシスタントとして働く
1867年	故郷へ戻り、ヒックスのもとで働く
1871年	『窮余の策』を匿名で出版
1872年	『緑の木陰』を匿名で出版。好評価を受ける
1873年	『青い眼』出版。建築家の仕事を辞め、作家業に専念
1874年	『遥か群衆を離れて』出版。エマと結婚してロンドンへ
1878年	『帰郷』出版
1883年	故郷へ住まいを移す
1885年	自らが設計したマックスゲートに転居
1891年	『テス』出版
1895年	『日陰者ジュード』出版。激しい批判にさらされ、以降は小説執筆を辞め詩作へ転じる
1903年	三部からなる長編叙事詩『覇王』発表（～1908年）
1912年	エマが亡くなる
1914年	フローレンスと再婚
1928年	他界。ウェストミンスター寺院で国葬が行われる

が、1883年に再び故郷へと戻り、その2年後に完成させたのが「マックスゲート」だった。新居は生家からほど近いドーチェスターの郊外にあり、その呼称は、以前近隣にマックという通行税取立人の家があったことにちなむといわれる。

生家やマックスゲートのあるドーセット地方をハーディはウェセックスというかつてのこの地にあった王国の名で呼び、幾度も小説の舞台に設定した。これらの作品は「ウェセックス小説」と呼ばれ、特に『テス』や『日陰者ジュード』が知られている。現在は名作として誉れ高いこの2作は、発表当時はその内容が不道徳だと酷評された。そのため、彼は1895年の『日陰者ジュード』を最後に小説から離れ、以降は詩作に没頭することとなった。

結核を患った妻のためにドイルが建てたアンダーショー

閑古鳥が鳴く開業医から人気小説家に転身

アーサー・コナン・ドイルの家

ARTHUR CONAN DOYLE 1859–1930

スコットランドで生まれ、船医などを経て開業医になるも鳴かず飛ばずだった。しかし、その傍らで創作活動を行い、名探偵シャーロック・ホームズを主人公とした短編を月刊誌に連載して人気作家の地位を掴んだ。代表作『シャーロック・ホームズの冒険』の他、歴史小説やSF、怪奇小説といったジャンルの作品も残した。

名探偵シャーロック・ホームズの産みの親であるアーサー・コナン・ドイルは、もともと小説家が本業だったわけではない。生まれ故郷のスコットランド・エジンバラ大学の医学部を卒業した彼は、捕鯨船などの船医を経て開業医となり、ポーツマス郊外にあるサウスシーで8年ほど医院を開いていた。しかし、この医院が栄えることはなく、ドイルは空き時間を使って小説を執筆し、収入を得ていた。1887年には、ホームズシリーズ最初の作品となる長編『緋色の研究』を発表している。

1891年にはロンドンのアッパー・ウィンポール街で眼科の診療所を開いたが、彼は眼科の資格を持っておらず、訪れる患者はなかった。そのため、ほどなくして文筆業に専念することになる。すると1891年7月から『ストランド・マガジン』で始めたホームズが活躍する短編の連載が人気となり、作家

ドイルが足繁く通ったロンドンのパブ「ヘレフォード・アームズ」。
『ピーター・パン』の作者ジェームス・バリーもこのパブの常連だった

ドイルが無資格で開いていた眼科の診療所があったアッパー・ウィンポール街の建物

としての地位を踏み固めていった。

彼が暮らした家は、サリー州のハインドヘッドに現存している。1885年に結婚した最初の妻ルイーズが結核にかかったことから、その療養のために1897年に建てた邸宅だ。「アンダーショー」と呼ばれるこの家で、彼はルイーズを亡くした翌年の1907年まで約10年間を過ごした。同年には2番目の妻ジーンと再婚。これを機に71歳で亡くなるまでを過ごすことになるサセックス州のクロウバラへと転居している。なお、ホームズが作中で暮らした下宿の住所はベーカー街221Bで、現在、その近隣には観光名所となっているシャーロック・ホームズ博物館がある。

アーサー・コナン・ドイルの足跡

1859年	スコットランド・エジンバラで10人きょうだいの第3子（長男）として誕生
1881年	大学卒業後船医として勤務
1882年	ポーツマス郊外で診療所を開業
1885年	最初の妻ルイーズ・ホーキンズと結婚
1887年	シャーロック・ホームズシリーズ最初の作品『緋色の研究』が『ビートンのクリスマス年鑑』に掲載される
1889年	歴史小説『マイカ・クラーク』出版
1890年	『四つの署名』発表
1891年	ロンドンで眼科医として開業
1892年	『ストランド・マガジン』でのホームズ・シリーズの連載をまとめた単行本『シャーロック・ホームズの冒険』出版
1893年	『ストランド・マガジン』で新たに12編を連載し、その最終作でホームズを死亡させる。単行本『シャーロック・ホームズの回想』出版
1896年	『ジェラール准将の功績』出版
1902年	『バスカヴィル家の犬』出版
1905年	『シャーロック・ホームズの帰還』出版
1906年	妻ルイーズが他界
1907年	ジーン・レッキーと再婚
1915年	『恐怖の谷』出版
1917年	『シャーロック・ホームズ最後の挨拶』出版
1927年	『シャーロック・ホームズの事件簿』出版
1930年	他界

イェイツが改装し、家族とともに過ごしたバリリの塔は今日ではイェイツ・タワーとも呼ばれる

晩婚の詩人が家族と暮らした15世紀の城塞

W. B. イェイツの家

WILLIAM BUTLER YEATS 1865–1939

アイルランドを代表する詩人、劇作家。アングロアイリッシュの両親のもとに生まれ、母の故郷スライゴーをはじめ各地に残る民間伝承を掘り起こして発表するなど、アイルランド文芸復興運動に尽力した。1922年にアイルランド自由国の上院議員に任命され、1923年にはノーベル文学賞を受賞している。

改装によって塔の下層にも大きな窓が設けられた。イェイツの妻ジョージーは窓から魚釣りをしていたという

詩人であるとともに、19世紀末のアイルランド文芸復興運動の中心人物でもあったイェイツ。彼は各地に残る民間伝承を掘り起こしたが、なかでも多かったのが母の故郷でもあるスライゴーに伝わるものだった。

　イェイツは1865年にアングロアイリッシュの家系の両親のもとにダブリン郊外で誕生。ロンドンの美術学校へ進む父親とともに一家が転居して以降、ロンドンとアイルランドを行き来して育ち、1872年から1874年まではスライゴーで過ごしている。彼は成人後も妖精の伝承が残るこの地を頻繁に訪れ、作品の舞台にした。

　また、この地域に近いリサデルには大地主ゴア＝ブース家の邸宅があった。イェイツはこの一家と交流し、アイルランド独立運動のイースター蜂起で捉えられた姉とその妹についての詩も晩年に残している。

　彼は独立運動家の指導者モード・ゴンとの親交でも知られる。彼女への度重なる求婚を断られた彼は、52歳のときにその娘にまでプロポーズ。それも断られた数週間後に、アメリカ人のジョージーと結婚している。この頃に購入したのが、アイルランド・ゴールウェイ州にあるバリリの塔だ。これは15世紀に建てられた城塞兼住居で、近くには、塔の前所有者でイェイツらとアイルランド国民劇場協会を設立した劇作家グレゴリー夫人の邸宅もあった。

　以前からこの地を訪れ気に入っていた彼は、バリリの塔を改装し、1929年まで使用。家族と夏を過ごし、作品にも登場させた。なお、成人後もロンドンとアイルランドを行き来していたイェイツの住居はロンドンのブルームズベリー地区にも残っている。彼は1895年から1919年までここを住居としていた。

作品にも登場するスライゴーのロッセスポイントの風景。若かりし頃、彼は弟の画家ジャックらとともにここで毎夏を過ごした

他界から9年後にスライゴーへ戻る

１９３８年11月にアイルランドを離れ、南仏へ向かったイェイツは、翌年1月下旬にロクスブリューヌで亡くなった。その亡骸は当地で埋葬されたのち、緑の深いスライゴー州へと運ばれることになる。これは「新聞が忘れた頃に掘り起こしてスライゴーに埋葬してほしい」というイェイツの遺志にそったもので、現在イェイツの墓があるドラムクリフの教会に埋葬されたのは、他界してから9年を経た１９４８年のことだった。

墓碑銘は彼が死の直前に残した作品「ベンブルベンの麓にて」の最後の一節からとられている。ベンブルベンはテーブル型の独特の形状をした標高５２５メートルの山で、ドラムクリフからその見事な姿を眺めることができる。

ドラムクリフの墓地にあるイェイツの墓

ブルームズベリーにあるロンドン初の歩行者ショッピング街・ワーバン通り。この通りの一角にイェイツが住んだ建物がある

イェイツの足跡

1865年	ダブリン郊外サンディマウントで誕生
1867年	父ジョンの美術学校進学に伴いロンドンへ転居
1872年	父を残してスライゴーへ
1874年	ロンドンへ戻る
1881年	ダブリン郊外ホウズへ転居
1884年	メトロポリタン美術学校へ入学
1885年	初めて雑誌に詩が掲載される
1887年	ロンドンへ転居
1889年	『アシーンの放浪』出版
1892年	詩劇『キャスリーン伯爵夫人』発表
1893年	散文集『ケルトの薄明』出版
1896年	グレゴリー夫人と知り合う
1899年	アイルランド文芸劇場を設立し、『キャスリーン伯爵夫人』上演。詩集『葦間の風』出版
1904年	アビー劇場を設立
1916年	日本の能に影響された『鷹の井戸』をロンドンで初演
1917年	バリリの塔を購入。ジョージーと結婚
1922年	アイルランド議会の上院議員に
1923年	ノーベル文学賞受賞
1928年	詩集『塔』出版
1939年	南フランスで他界

ワーバン通りの家の書斎。彼の転居後はモード・ゴンが入居

ヒルトップ農場のファームハウスはポターの書斎や仕事場として使用された

湖水地方の農場に絵本の世界が広がる

ビアトリクス・ポターの家

BEATRIX POTTER 1866–1943

ピーターラビット・シリーズで知られる絵本作家。ロンドンで生まれ育ち、ペットのウサギをモデルにした話を絵手紙に書いたことがきっかけで『ピーターラビットのおはなし』を出版。その後、少女時代に訪れて魅了された湖水地方の農場を購入し、経営。農場周辺は物語のモデルとしてたびたび作品に登場している。

作品を執筆しながら農場経営にも取り組んだポター

世界中の子どもたちの心を惹き付けてやまないピーターラビット・シリーズ。その作者であるビアトリクス・ポターは、２０１６年に生誕１５０周年を迎えた。

ロンドンの裕福な家庭に生まれた彼女は、学校には通わず、家庭教師から教育を受けて育つ。幼少の頃から絵を描くことが好きで、生き物にも興味があり、さまざまな種類のペットを飼っていた。

20冊を越えるピーターラビット・シリーズの第一弾にして、飼育していたウサギと同じ名前の主人公が描かれた『ピーターラビットのおはなし』が出版されたのは１９０２年のこと。この物語はもともと、１８９３年にポターがかつての彼女の家庭教師アニー・ムーアの小さな息子ノエル宛てに描いた絵手紙が元になっている。

婚約者を白血病で失った直後の１９０５年に、ポターは作品で得た印税などを使って湖水地方のニア・ソーリーにあるヒル・トップ農場を購入する。

湖水地方はポターが16歳のとき避暑のために訪れて以来、お気に入りだった場所で、ニア・ソーリーはなかでも彼女が心を奪われたエスウェイト湖畔にあった。

ポターは農場経営をしながらこの地で絵本の執筆を続け、周辺の風景や人々、動物たちはピーターラビット・シリーズなどの絵本に何度も登場することになる。

47歳のときには弁護士のウィリアム・ヒーリスと結婚し、ニア・ソーリーのカッスル・コテージに居を移した。ポターは自然保護活動にも熱心に取り組み、その一環として湖水地方の農場や土地を次々と購入していった。没後、これらはポターの遺言通りに、歴史的建造物の保護を目的として設立されたボランティア団体のナショナル・トラストへと寄付された。

多くの作品の舞台となり、ポターの遺骨も撒かれたヒル・トップの農場もナショナル・トラストが管理しており、当時と変わらぬ姿を現在も残している。

飾り付けがかわいらしいヒルトップの家のリビング。『こねこのトムのおはなし』ではこの家や農場が描かれている

『パイがふたつあったおはなし』の舞台のモデルとなったコテージ

絵に描いたような美しい湖水地方の風景がポターの作品を彩った

かつてポターが所有していたYew Tree農場

結婚したポターはカッスル・コテージへ転居し、本格的な農場での暮らしをスタートした

絶滅危惧種の羊を自ら飼育

作家であり、農場経営者でもあったポター。彼女は羊の飼育でも功績を残している。ナショナル・トラストの理念にそって、景観とともに農村文化の維持にも重要性を感じていた彼女は、当時絶滅が危惧されていたハードウィック羊を自らの農場で飼育。羊飼いのトム・ストーリーとともに育てた羊は、いくつもの品評会で賞を穫るまでになる。

１９２９年に執筆した『妖精のキャラバン』にもハードウィック羊は登場する。１９４３年には女性初のハードウィック羊飼育者協会会長に選出されたが、この年、彼女は他界。遺灰は遺言通りにトムによってヒル・トップ農場に撒かれた。その場所は夫にも秘密にされ、現在も明かされていない。

ポターの足跡

1866 年　ロンドン・サウスケンジントンで誕生
1877 年　スコットランドのダルギーズハウスを避暑用に借りる
1878 年　絵画教育を受ける
1882 年　夏、初めて湖水地方を訪れ、ヴィンダミア近郊で過ごす
1883 年　アニー・カーター（のちのムーア）が家庭教師に
1893 年　ベンジャミンと名付けたウサギが死に、新たにピーターと名付けたウサギを飼う。アニーの息子ノエルへ絵手紙で「ピーターラビットのおはなし」を送る
1901 年　私家版『ピーターラビットのおはなし』発表
1902 年　商業版『ピーターラビットのおはなし』出版。私家版『グロースターの仕たて屋』発表
1903 年　商業版『グロースターの仕たて屋』出版。『りすのナトキンのおはなし』出版。以降、コンスタントに作品を発表する
1905 年　秘密裏に婚約していた出版社ウォーン社のノーマン・ウォーンが死去。ニアソーリーのヒル・トップ農場を購入
1907 年　『こねこトムのおはなし』出版
1909 年　ニア・ソーリーのカッスル・コテージを購入
1912 年　『キツネどんのおはなし』出版
1913 年　弁護士ウィリアム・ヒーリスと結婚、カッスル・コテージに住む
1922 年　『セシリ・パセリのわらべうた』出版
1924 年　トラウトベック・パーク農場を購入
1943 年　ハードウィック羊飼育者協会の会長に。カッスル・コテージで亡くなり、所有地はナショナル・トラストへ寄贈

羽目板の外壁が表から見えるモンクス・ハウスは、17世紀に建てられたコテージ

文化人、そして芸術家が集った家

ヴァージニア・ウルフの家

VIRGINIA WOOLF 1882–1941

1915年に長年かけて推敲した処女小説『船出』を出版。代表作に「意識の流れ」という技法を用いた『ダロウェイ夫人』や『灯台へ』があり、女性の経済的自立と精神的独立を主張した『自分だけの部屋』でも知られる。夫とともに経営した出版社のホガース・プレスでは、自らの作品に加えマンスフィールドやフォスターの作品も出版した。

ヴァージニアは著名な編集者・批評家の父のもと、ロンドンの高級住宅地ハイドパークゲートで生まれた。再婚同士だった両親の間には4人の子がおり、ヴァージニアはその3番目の子だった。彼女は両親から教育を受けて育ち、家には膨大な蔵書があったという。また、毎年夏になると一家はコーンウォールの海岸にある保養地セント・アイヴスの別荘で過ごし、この経験はのちに『灯台へ』などの作品にも繋がることとなる。母に続いて1904年に父が亡くなると、子どもたちはブルームズベリーのゴードン・スクエアにある家へと移る。この家は兄が大学の友人らと開いていた集まりの拠点となり、この集まりは、のちに文化人や芸術家によるサロン、ブルームズベリー・グループとして知られるようになる。ヴァージニアもグループに参加し、姉ヴァネッサとともに中心人物となっていた。グループの一員レナード・ウルフと1912年

裏手にはかつて夫レナードが手入れした見事な庭が広がる

執筆の場となったロッジ。ヴァージニアは1日最低3時間をここで過ごした

に結婚した彼女は、その3年後、婚前から執筆していた処女小説『船出』を出版。同年、ロンドンのリッチモンドにあるホガース・ハウスへ引っ越した。ここで夫妻は1917年に出版社ホガース・プレスを設立。ヴァージニアやT・S・エリオットらの作品を出版した。

また、結婚した年からイースト・サセックス州に別荘を借りていたが、それに代わる家として1919年に同州のロドメルにあるモンクス・ハウスを購入。近くにはブルームズベリー・グループの新拠点となっていた姉ヴァネッサのファーム・ハウスがあり、モンクス・ハウスにも仲間たちが集うようになっていった。その庭には眺望のよい木造のロッジがあり、ヴァージニアはここを創作の場として、自ら命を絶つまで数々の作品を執筆した。

ヴァージニア・ウルフの足跡

1882年	ロンドンで誕生。父は編集者・批評家・歴史家で登山家でもあった活躍したレズリー・スティーヴン
1895年	母ジュリアが急死し、神経衰弱に陥る
1904年	父レズリーが亡くなる。画家の姉ヴァネッサらきょうだい3人とともにブルームズベリーのゴードンスクエアへ転居。ブルームズベリー・グループが形成される
1910年	ブルームズベリー・グループによる悪戯「偽エチオピア皇帝事件」が世間を騒がせる
1912年	作家のレナード・ウルフと結婚
1915年	処女小説『船出』出版。ロンドン・リッチモンドのホガース・ハウスへ
1917年	ホガース・プレスを立ち上げる
1919年	モンクス・ハウスを購入
1925年	『ダロウェイ夫人』出版
1927年	『灯台へ』出版
1928年	『オーランドー』出版
1929年	『自分だけの部屋』出版
1931年	『波』出版
1941年	『幕間』出版。躁鬱状態に陥り、モンクス・ハウスの近くを流れるウーズ川で入水自殺

ダブリン郊外のラスガーでジョイスは生まれた。生家は赤煉瓦造りの建物で、当時の一家はまだ裕福だった

各地を転々としながらも故郷を舞台にした名作を綴り続ける

ジェイムス・ジョイスの家

JAMES JOYCE　1882–1941

22歳のときに故郷ダブリンを離れ、トリエステで教員をしながら詩集『室内楽』を出版。その後、チューリッヒやパリに住んで創作を続けた小説家であり詩人。小説はいずれも故郷を舞台にし、代表作に『ダブリン市民』、自伝的長編『若き芸術家の肖像』、ホメロスの『オデュッセイア』を下敷きした『ユリシーズ』などがある。

1882年に生まれたジョイスが故郷ダブリンで生活していたのは、のちに妻となるノーラと駆け落ちしてヨーロッパ大陸に渡った22歳までだった。処女作を発表した1907年当時は、オーストリア・ハンガリー帝国領だったイタリアの都市トリエステで暮らしており、その後、スイスのチューリッヒを経て1920年からはパリを拠点に執筆。1940年に長年を過ごしたこの地を離れ、翌年チューリッヒで亡くなった。故郷から遠く離れた場所で執筆を続けたものの、ジョイスはホメロスの叙事詩『オデュッセイア』をベースに1904年のある1日を描いた『ユリシーズ』をはじめ、短編小説集『ダブリン市民』や半自伝的小説『若き芸術家の肖像』など、ダブリンを舞台にした名作を残している。

ジョイスの58年の生涯のうち3分の1強でしかないダブリン時代だが、その足跡は至るところに残されている。

彼は、誕生当時は裕福だった父親が没落した影響で、この街で10数回の引っ越しを経験した。なかには取り壊された家もあるものの、ダブリンを歩けば、生家をはじめ、彼が暮らした家々を今も探し出すことが可能だ。ダブリンにあるジョイスが通った規律の厳しい学校は、スティーブン・ディーダラスを主人公とした『若き芸術家の肖像』の舞台にもなっている。また、ダブリンの南、サンディコブにあるマーテロー塔は、再びスティーブン・ディーダラスが登場する『ユリシーズ』の冒頭に描き出されている。この塔はかつてナポレオンとの戦いに備えて築かれた砦で、若きジョイスは友人を訪ねてここで数日を過ごしたことがあった。そのことから、現在はジョイス記念館となっている。

ジョイスの足跡

1882年	10人きょうだいの第1子としてダブリンで生まれ、ダブリン周辺を転々として育つ
1898年	ユニバーシティ・カレッジ・ダブリンに入学。在学中にイプセンに関する批評を執筆、雑誌に掲載される
1903年	大学卒業後、医学を学びにパリへ留学するが、母の体調が悪化したため帰国。同年母が亡くなる
1904年	ノラ・バーナクルと出会い、駆け落ちしてヨーロッパ大陸へ
1905年	オーストリア・ハンガリー帝国統治下のトリエステで教職につく
1906年	ローマへ移住するが、翌年トリエステに戻る
1907年	詩集『室内楽』出版
1914年	『ダブリン市民』出版
1915年	第一次世界大戦の影響でチューリッヒへ転居
1916年	『若き芸術家の肖像』出版
1918年	唯一の戯曲『追放者たち』出版
1920年	パリへ移住
1922年	『ユリシーズ』出版
1931年	妻ノーラと正式に結婚
1939年	『フィネガンズ・ウェイク』出版
1940年	再びチューリッヒへ転居
1941年	他界

サンディコブのマーテロー塔はジェイムス・ジョイス・タワーとも呼ばれる

白亜の別荘グリーンウェイ・ハウス。船着き場もあり、ダート川から船で行くこともできた

河畔に立つ広大な別荘は幼少時代の憧れの邸宅

アガサ・クリスティの家

AGATHA CHRISTIE 1890–1976

第一次世界大戦中に処女作の『スタイルズ荘の怪事件』を執筆。エルキュール・ポワロが登場する同作が1920年に出版されて以降、ポワロやミス・マープルといった名探偵らが活躍する推理小説が世界中で人気を博し、ミステリーの女王と評された。1952年に書き下ろした戯曲『ねずみとり』は公演の世界最長記録を更新し続けている。

グリーンウェイ・ハウスでタイプライターに向かうアガサ

アメリカ人実業家の父フレデリックとその継母の姪でイギリス人の母クララの末っ子として生まれたアガサ・クリスティ。幼少期を過ごした生家アッシュフィールドはイギリスのリビエラとも呼ばれる保養地のデヴォン州トーキーにあった。

アガサは1914年に最初の夫アーチボルト・クリスティと結婚。空軍の将校だった彼が出征し、トーキーで病院の調剤の仕事をしていた1916年に、彼女は推理小説を書く願望を叶えるため、2週間の休暇をとってダートムアへ執筆旅行に出かけた。そこで書き上げたのが名探偵ポワロが登場する『スタイルズ荘の怪事件』で、この作品は1920年に出版されることとなる。この間、1918年にはロンドンへ移り、翌年長女ロザリンドを出産している。

アガサはロンドンで頻繁に引っ越したが、離婚後に娘と暮らしたサウスケンジントンの家、戦火を逃れて移り住んだイソコン・ビルディング、1948年から亡くなるまでその一室を所有したチェルシーのフラット・スワンコートなど、その住居はいくつも現存している。

また、1938年には、故郷トーキーからほど近いところに別荘を購入している。ジョージ王朝時代の18世紀後半に建てられたグリーンウェイ・ハウスと呼ばれるこの家は、ダート川河畔の広大な敷地にあり、アガサが幼少の頃から憧れていた邸宅でもあった。なお、デビュー作が旅先で書かれたように、彼女は家から離れて創作に励むことも多かった。たとえば代表作の『オリエント急行殺人事件』も定宿だったトルコ・イスタンブールのペラパラス・ホテルで執筆している。

たくさんの窓から明るい光が射し込む応接間には、スタインウェイのピアノも置かれている

ダート川の岸辺に立つグリーンウェイ・ハウスのボート・ハウス

アガサの定宿だったトルコ・イスタンブールのホテル「ペラパラス」

発掘現場で出会った考古学者と再婚

１９２８年にアーチボルト・クリスティと離婚したアガサは、１８３０年に考古学者のマックス・マローワンと再婚する。それは、旅行中に訪れたメソポタミアの発掘現場で出会ってすぐのことだった。彼女はアガサ・クリスティ名義で作品を発表し続けたが、私生活ではマローワン夫人と呼ばれることを好んでいた。夫婦はしばしば発掘旅行へ出かけ、『ナイルに死す』や『メソポタミヤの殺人』といった作品の誕生にも繋がった。

これらを書いた頃、一家が暮らしていたのはロンドンのカムデン・ヒルにあるシェフィールド・テラスで、アガサが初めて書斎を持った場所でもある。この家は現存するが、１９４１年、戦火が激しくなり、アガサたちは転居を余儀なくされた。

アガサ・クリスティの足跡

1890年	デヴォン州トーキーでアメリカ人実業家の父とイギリス人の母の第3子（次女）として誕生
1914年	空軍将校のアーチボルト・クリスティと結婚
1920年	『スタイルズ荘の怪事件』出版
1922年	南アフリカ、オーストラリア、アメリカなどを周遊。『秘密機関』出版
1923年	『ゴルフ場殺人事件』出版
1924年	『ポワロ登場』出版
1926年	『アクロイド殺し』出版。トリックをめぐって論争が起こる。母が死去。12月に失踪事件を起こす
1928年	アーチボルトとの離婚が成立
1930年	考古学者のマックス・マローワンと再婚。『牧師館の殺人』出版
1934年	『オリエント急行の殺人』出版
1936年	『ABC殺人事件』出版
1939年	『そして誰もいなくなった』出版
1952年	アンバサダー劇場で戯曲『ねずみとり』初演
1954年	戯曲『ねずみとり』出版
1973年	『運命の裏木戸』出版
1975年	1940年代に執筆したポワロ最後の事件『カーテン』出版
1976年	ウォリングフォードの自宅で他界。ミス・マープル最後の事件『スリーピング・マーダー』（1940年代前半に執筆）が出版される

崖に立つラーンのボート・ハウスは、パトロンがトマスのために購入したもの

入江を見渡す崖の上の書斎

ディラン・トマスの家

DYLAN THOMAS 1914–1953

20歳にして『18編の詩』で華々しくデビュー。新ロマン主義の有望な詩人として注目された。第二次世界大戦後はラーン（ウェールズ）のボート・ハウスで詩作を続けた。ラジオでも数々の作品を発表する一方で、私生活ではアルコールに溺れ、アメリカでの朗読旅行中に過度の飲酒が原因で他界している。

ミュージシャンのボブ・ディランが大きく影響され、その名前を拝借したことでも知られる詩人ディラン・トマス。彼は自ら「この醜くも素晴らしき町」とも「野心の墓場」とも表現したウェールズ第二の都市スウォンジーで生まれた。生家はカムドンキン通りの坂にある。この家は現在博物館となっており、トマス一家の新居として購入された当時の姿に戻されている。トマスはロンドンに出るまでの人生最初の20年をここで過ごし、多くの詩と小説を著した。父親が英語を教えていたグラマースクールに通った彼は16歳で学校を離れ、新聞記者として働いていた時期もあったが、20歳でロンドンへ転居。最初の詩集はこの頃に出版された。

ウェールズの海辺の街ラーンには、彼が人生最後の4年間を過ごした家がある。街の中心部から徒歩10分ほどの崖の上に立つこの家は「ボー

ボート・ハウスのそばにはトマスが作品を執筆した部屋が残る

トマスはこの眺めのよい執筆用の小屋を「水と木の部屋」と呼んだ

ト・ハウス」と呼ばれ、目の前には河口と入江が広がる。もともとラーンはトマスが19歳のときに初めて訪れて気に入った街で、１９３８年に彼は家族とともに引っ越したのだった。その後、第二次世界大戦の影響でロンドンに居を移していたが、１９４９年、ラーンに戻り、ボート・ハウスを新たな住居とした。妻と3人の子どもと暮らしたこの家の上方には小屋があり、彼はそこを書斎として使い、近くにあるホテルのバーへ足繁く通っていた。しかし、ここでの生活は長く続かなかった。トマスは、講演と朗読のためのアメリカ旅行中にウイスキーを大量に飲んで倒れ、5日後に39歳の若さで亡くなった。現在、ボート・ハウスは公開されており、トマスは近隣にある墓地に妻とともに眠っている。

ディラン・トマスの足跡

1914年 スウォンジーで誕生
1925年 父が務めるグラマースクールで学ぶ
1931年 学校を離れ、サウスウェールズデイリーポスト紙の記者になる
1932年 フリーランスの記者になる
1934年 ロンドンへ転居し、処女詩集『18編の詩』出版
1936年 コーンウォールへ転居。詩集『25編の詩』出版
1937年 最初のラジオ出演。カイトリン・マクナマラと結婚、ニューリンで新婚生活を送る
1938年 ラーンへ転居
1939年 長男が誕生。詩集『愛の地図』出版
1940年 第二次世界大戦の終戦まで住居を転々とする。『若き日の芸術犬の肖像』出版。プロパガンダ用映像の台本を書いて生活費とする
1943年 詩集『New Poems』出版。長女が誕生
1946年 詩集『死と入口』出版
1949年 ラーンのボート・ハウスへ転居。次男が誕生
1952年 『ウェールズのクリスマスの想い出』録音。詩集『田舎の眠りのなかで』出版
1953年 3度目のアメリカツアーへ。ラジオ劇『ミルクの森で』を執筆。過度の飲酒後に倒れ、他界

Column《文豪が眠る寺院》

ウェストミンスター寺院

由緒ある寺院に多くの文豪たちが眠る

ロンドンの中心部にあるウェストミンスター寺院は、1066年にウィリアム王の戴冠式を行って以来、歴代イギリス国王の戴冠式が執り行われ、王室の葬儀や結婚式の場にもなっている。荘厳で美しい現在の建物は13世紀に改築されたもので、イギリスを代表するゴシック建築としても知られる。寺院内には18世紀までのほとんどの国王やニュートン、ダーウィンといった偉人が眠り、イギリスを代表する数々の文豪の墓所にもなっている。

文豪たちが眠るのは南翼廊にある「詩人のコーナー」と呼ばれる場所で、『カンタベリー物語』を著したジェフリー・チョーサーが1400年に最初に埋葬された。以来、チャールズ・ディケンズやラドヤード・キップリングといった文豪や珍しいところでは作曲家のヘンデルや俳優のローレンス・オリヴィエもここに埋葬されている。

また、シェイクスピアやブロンテ姉妹のように他の場所に墓がある場合でも、記念碑が設けられているため、床や壁、ステンドグラスに数々の文豪たちの墓や彫像、記念碑がずらりと並んでいる。珍しいケースがトマス・ハーディで、1928年に没した彼は生前、すでに亡くなっていた最初の妻エマとともに埋葬されることを望んでいた。これには家族も同意していたが、ウェストミンスター寺院への埋葬の声も上がったため、心臓はエマとともに埋葬され、残りの遺灰は葬儀が行われた寺院の詩人のコーナーに埋葬された。

Part 3

フランスの文豪

オートヴィル・ハウスの豪華な赤のサロンでユゴーは来客をもてなした

亡命先で完成した大作『レ・ミゼラブル』

ヴィクトル・ユゴーの家

VICTOR HUGO　1802−1885

若くから創作を始め、20歳のときに発表した処女詩集『オード集』が当時の国王ルイ18世から認められる。以降、古典文学に対抗する新たなロマン主義文学の代表格として活躍することになる。代表作に戯曲『エルナニ』、小説『ノートルダム・ド・パリ』、『レ・ミゼラブル』などがある。

見晴らしがよく、海も眺められた最上階が彼の執筆の場となった

1612年に造られたパリのマレ地区にあるヴォージュ広場（旧ロワイヤル広場）。周囲にはレンガ造りの建物が並び、そのひとつ「ロアン・ゲメネ館」の2階に、ユゴーは妻子とともに16年間暮らしていた。移り住んできたのは1832年のことで、前年に『ノートルダム・ド・パリ』を発表するなど、すでに作家として成功を収めていた。一方で妻との仲はうまくいっておらず、1833年には50年にわたって愛人関係が続くことになる女優ジュリエット・ドルーエと出会い、仲を深めていく。また、この邸宅に暮らしていた1843年に長女夫妻が事故で亡くなって以降、彼は10年間出版から遠ざかる。ただ、『レ・ミゼラブル』は1845年に執筆にとりかかっていた。中断を経てこの作品が完成した際、ユゴーは異国にいた。第二共和政の議員でもあった彼は、クーデターを起こしたナポレオン3世と対立し、1851年に亡命していたからだ。

ユゴー一家はブリュッセルを経てイギリス領チャネル諸島のジャージー島に移り、さらに1855年には隣にあるガーンジー島の「オートヴィル・ハウス」に腰を落ち着ける。コレクターでもあった彼は自らこの家の内装を手がけた。ユゴーは海を眺められる部屋で創作に取り組み、『レ・ミゼラブル』は1862年、ついに完成する。ガーンジー島での生活は15年に及び、ようやく帰国したのは、ナポレオン3世が失脚した1870年のことだった。

83歳で亡くなった際は、国葬が行われ、多くの偉人が眠るパンテオンに埋葬された。ヴォージュ広場の邸宅はユゴー記念館になり、ガーンジー島や終の住処となったエイロー通りの住居からも家財が運び込まれ、各地での生活が再現されている。

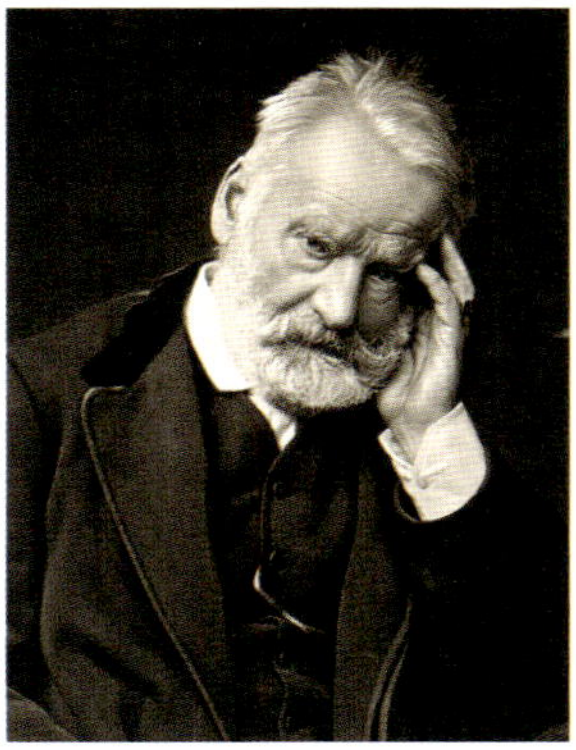

ユゴーは自ら内装を手がけ、自身が集めた装飾品や家具で各部屋を埋め尽くした

見事なタイルの装飾が施され、天井にはタペストリーが飾られたダイニングルーム

ユゴーの住まいがあったヴォージュ広場。かつての住居は、博物館となり帰国後の書斎などが再現されている

統一されたデザインの建物が広場を囲む

ユゴーの肖像は5フラン紙幣に使われたことがあり、背景にはヴォージュ広場が描かれた。この広場は、パリの大規模な再開発を行ったアンリ4世によってロワイヤル広場として造成され、王亡きあとに完成した。

広場を取り囲む建物の外観は統一されている。これは、先に完成していた広場南の建物のデザインを踏襲するようアンリ4世が命じたためだ。これらの建物は著名人や文化人が集う高級住宅地となり、17世紀前半に宰相を務めたリシュリュー卿も住人に名を連ねた。1615年から1627年までここに住んでいたリシュリュー卿は1635年にアカデミー・フランセーズを創立。この定員40人の由緒ある団体にユゴーが当選したのは、広場に住んでいた1841年のことだった。

ユゴーの足跡

1802年	フランス東部ブザンソンで誕生。欧州各地を転々とする
1814年	パリの寄宿学校に入学
1822年	処女詩集『オード集』出版。妻アデルと結婚
1827年	戯曲『クロムウェル』発表。その序文は古典主義を否定し、ロマン主義宣言とされる
1829年	『東方詩集』『死刑囚最後の日』出版
1830年	戯曲『エルナニ』上演
1831年	『ノートルダム・ド・パリ』出版
1832年	ロワイヤル広場（現ヴォージュ広場）の邸宅に転居
1833年	ジュリエット・ドルーエと知り合い、愛人関係が始まる
1841年	アカデミー・フランセーズ会員となる
1845年	上院議員となる。『レ・ミゼール』（のちの『レ・ミゼラブル』）の執筆にとりかかる
1851年	ナポレオン3世と対立し国外追放になり、ブリュッセルへ
1852年	『小人ナポレオン』出版、英領ジャージー島へ移住
1855年	英領ガーンジー島へ移住
1862年	『レ・ミゼラブル』出版
1870年	フランスへ帰国
1885年	他界。国葬後、パンテオンに埋葬

プルーストが暮らしたアパルトマンの建物はオスマン大通りに今も残る

光と音を遮って創作活動に没頭

マルセル・プルーストの家

MARCEL PROUST　1871–1922

高名な医師を父に持ち、学生時代から芸術家らが集うサロンに出入りし、作品を発表するようになる。全7篇からなる代表作の『失われた時を求めて』は、20世紀文学の源流とも評される。記憶と時間などをテーマにしたこの大作は1909年から執筆され、没後の1927年に第7篇『見出された時』が出版された。

7篇からなる大作『失われた時を求めて』は、主人公である語り手が紅茶に浸したマドレーヌを口にしたことによって、幼少期の記憶が呼び起こされることから物語が始まる。主人公が幼少期に休暇を過ごしたコンブレーは、実際にプルーストが幼い頃に訪れた田舎町イリエがモデルとなっている。1971年には作品の効果でイリエ＝コンブレーに地名が変更されたこの町は、プルーストの父親の出身地であり、一家はたびたびバカンスに訪れていた。彼らが過ごした親戚の家は作中ではレオニ叔母の家として描かれており、現在はプルースト記念館になっている。

　プルーストは、高名な医師だった父とユダヤ人で裕福な家庭の出身だった母のもとに、1871年、パリ郊外で生まれた。1873年から1919年までの住居はいずれもパリ8区内にあった。パリ大学進学後、社交界に出入りして著名人との親交を育んだ彼は、金銭的に恵まれていたため卒業後も働く必要はなく、短編や翻訳本を発表していた。『失われた時を求めて』の執筆にとりかかったのは30代になってからで、当時すでに父親も彼を溺愛した母も亡くなり、オスマン通りにあるアパルトマンへと住まいを移していた。この建物で執筆に集中するため、彼は外部からの光や音を遮断。部屋の窓は厚いカーテンで覆われ、壁には防音のためにコルクが張られた。その背景には、幼少期から病弱で喘息に悩まされ、塵埃対策に神経を使っていた事情もあり、掃除も入念にしていたという。1919年まで暮らしたこの部屋は、パリのカルナヴァレ博物館で遺品とともに再現されている。

コルクを張った部屋はカルナヴァレ博物館で再現されている

プルーストの足跡

1871年	パリ郊外・オートゥイユで誕生
1878年	イリエでバカンスを過ごす
1881年	喘息発作を起こし、父からイリエ滞在を禁じられる
1882年	コンドルセ高等中学に入学
1889年	バカロレアに合格。兵役を志願
1890年	オルレアンでの兵役終了後、パリ大学法学部に入学
1896年	『楽しみと日々』出版
1903年	父が他界
1905年	母が他界
1907年	オスマン大通りに転居
1913年	『スワン家のほうへ』（『失われた時を求めて』第一篇）をグラッセ社から出版
1919年	アムラン街へ転居。『花咲く乙女たちのかげに』と『模写と雑録』を新フランス評論から出版。ゴンクール賞を受賞
1920年	『ゲルマントのほう Ⅰ』出版
1921年	『ゲルマントのほう Ⅱ』『ソドムとゴモラ Ⅰ』出版
1922年	『ソドムとゴモラ Ⅱ』出版。他界し、ペール・ラシューズ墓地に葬られる
1925年	『囚われの女』出版
1927年	『逃げ去る女』『見出された時』出版

50代後半でコクトーが転居したミー・ラ・フォレの邸宅のサロンには、
動物のものなどいくつものオブジェが飾られた

多彩な詩人の終の住処

ジャン・コクトーの家

JEAN COCTEAU　1889–1963

20歳のときに処女詩集を出版して以降、詩、小説、戯曲、評論、さらには絵画や映画など多彩な分野で才能を発揮し、前衛的な作品を残す。本人は詩人と呼ばれることを望み、『平調曲』や『オペラ』『鎮魂歌』など多くの詩集を発表。小説ではアヘン中毒の療養中に短期間で書き上げた『恐るべき子供たち』が傑作として知られている。

20歳で詩集を発表して以来、さまざまな分野でその才能を発揮したコクトー。彼は長らくパリで活動し、1940年からはモンパンシエ通りのアパルトマンで、彼の映画作品で主要な役を演じていた俳優のジャン・マレーと暮らしていた。50代後半を迎えたコクトーは、この住居をパリでの拠点として残しつつ、首都の南50キロほどの場所にあるミリー・ラ・フォレの家を購入し、1947年に転居する。華やかなパリの社交界から離れ、亡くなるまでの年月をこの小さな田舎町で過ごした。当初はマレーもともに暮らしていたが、郊外暮らしはマレーにとって便利なものではなく、やがてコクトーは新たなパートナーのエドゥアール・デルミと過ごすようになる。町の郊外にはコクトーが装飾を手がけたサンブレーズ・デ・サンプル礼拝堂もあり、彼は養子になったデルミとともにここに埋葬されている。

晩年のコクトーはイタリアとの国境近く、地中海に面したコート・ダジュールにもその足跡を残した。高級別荘地として知られるフェラ岬に、後援者が所有するサント・ソスピール荘があったのだ。1950年以降、コクトーはたびたびこの豪邸に滞在。建物の内装や外装をアレンジし、画家としてのアトリエも構え、ヴィルフランシュのサン・ピエール礼拝堂やマントン市役所の婚礼の間の壁画などをここで制作した。フェラ岬から25キロほどの場所にあるマントンには、かつて要塞だった建物をコクトーが改装した要塞美術館もあり、緑の深い街として知られる。

2011年には、ベルギー出身の美術収集家が寄贈したコクトー作品のコレクションをもとにしたコクトー美術館も開館している。

コクトーの足跡

- 1889年　メゾン・ラフィットで3人きょうだいの末っ子として誕生
- 1898年　父ジョルジュがピストル自殺
- 1900年　コンドルセ高等中学校に入学
- 1904年　放校処分を受け、他の学校へ
- 1907年　バカロレアをパスできず、進学を断念。創作に打ち込む
- 1908年　フェミナ座で自作の詩を発表
- 1909年　処女詩集となる『アラジンのランプ』出版
- 1917年　サティ、ピカソらと手がけたバレエ『パラード』が初演
- 1923年　親しかった作家が他界したショックで長年アヘンに溺れる
- 1929年　小説『恐るべき子供たち』を18日間で書き上げ、出版
- 1930年　映画『詩人の血』製作
- 1940年　モンパンシエ通りのアパルトマンを借りる
- 1946年　監督映画『美女と野獣』公開
- 1947年　ミリー・ラ・フォレの家を購入
- 1950年　ベネチア国際映画祭で『オルフェ』が国際批評家賞を受賞。フェラ岬のサント・ソスピール荘を初めて訪れる
- 1955年　アカデミー・フランセーズ会員に
- 1963年　エディット・ピアフの死を知った直後にミリー・ラ・フォレで他界

もともと城の一部だったミリー・ラ・フォレの家が終の住処となった

故郷から遠く離れたマウント・デザート島を拠点にユルスナールは世界を旅してまわった

パートナーと過ごした異国の島の小さな家

マルグリット・ユルスナールの家

MARGUERITE YOURCENAR　1903–1987

1951年にフランスで出版した『ハドリアヌス帝の回想』で名声を高める。代表作に自伝的三部作『世界の迷路』や『黒の過程』などがあり、1980年には女性で初めてアカデミー・フランセーズの会員となった。父親と考案したペンネーム「ユルスナール」は本姓のクレイヤンクールからCを1つのぞいたもののアナグラムになっている。

１９０３年にブリュッセルで生まれたユルスナール。フランス人の父ミシェルは、貴族の末裔で、一家の所有地があった北フランスのモン・ノワールの屋敷やリールで彼女は9歳頃まで過ごし、その後は、パリ、ロンドン、マントン、モンテカルロなどで育った。博学な父や家庭教師から古典などを学んだ彼女は、10代後半にして２つの作品を自費出版している。

また、彼女は幼少期から欧州各地で暮らしながら旅行好きだった父とともに旅もしており、１９２４年にはヴィラ・アドリアーナを訪れた際には代表作となる『ハドリアヌス帝の回想』を構想している。父を亡くしたあとは、作家として活動しながら各地を転々としていたが、１９３９年、第二次世界大戦の戦火から逃れるため、アメリカに渡った。彼女を呼び寄せたのはパートナーで、のちに翻訳も手がけるアメリカ人女性グレース・フリックだった。

ユルスナールが幼少期を過ごしたサン＝ジャン＝カペルにある博物館ではアメリカでの書斎が再現されている

自宅「プティット・プレザンス」でくつろぐユルスナール

当初は数ヶ月の滞在予定だったが、パリが陥落したため、アメリカにとどまったユルスナールは、1947年に市民権を獲得。グレースとハートフォードに住み、大学の非常勤講師として働いた。その間にふたりで訪れたマウント・デザート島を気に入り、1950年には小さな家を購入する。「プティット・プレザンス（小さな悦び）」と名付けたこの家に仕事を辞めて移り住み、1951年には、45歳のときに執筆を再開した『ハドリアヌス帝の回想』を母国で出版。久しぶりに欧州の地を踏んだこの年以降、年の半分ほどはアジア、アフリカ、欧州など世界各地への旅に充てられた。ただ、拠点はプティット・プレザンスのままで、それはグレース亡きあとも変わることはなかった。

ユルスナールの足跡

1903年	ブリュッセルで誕生。10日後に母が産褥熱で死去。父とともに北仏のモン・ノワールへ
1921年	『キマイラの庭』を自費出版
1924年	ヴィラ・アドリアーナで『ハドリアヌス帝の回想』を構想
1929年	父ミシェルが死去
1936年	『火』出版
1937年	グレース・フリックと出会う。ヴァージニア・ウルフ本人から許諾をとり『波』を仏語に翻訳
1938年	『東方綺譚』出版
1939年	アメリカへ渡航
1940年	ハートフォードに住み、学校でフランス語などの教員に
1942年	サラ・ローレンス大非常勤講師に。マウント・デザート島初訪問
1948年	戦前ローザンヌのホテルに預けていた原稿が届き、『ハドリアヌス帝の回想』の執筆を再開
1950年	マウント・デザート島の家を購入
1951年	『ハドリアヌス帝の回想』出版
1968年	『黒の過程』出版
1979年	グレースが他界
1980年	アカデミー・フランセーズ会員に
1987年	他界
1988年	『世界の迷路』第三巻で未完に終わった『なにが？ 永遠が』が出版される

創作活動によって得た資金で手に入れたノーフル・ル・シャトーの家には、14の部屋があり、木々が生い茂る庭には池もあった

パリの住居とともに活動拠点となったセカンドハウス

マルグリット・デュラスの家

MARGUERITE DURAS 1914–1996

処女作『あつかましき人々』を発表して以降、作家、映画監督、脚本家として活躍。幼少期をフランス領インドシナで過ごし、その経験を反映した『愛人ラマン』が特に知られる。第二次世界大戦中はレジスタンス運動に参加しており、デュラス夫婦が暮らしたパリのアパルトマンにはのちに仏大統領となるミッテランも訪れていた。

ノーフル・ル・シャトーにある古い農家を改装し、ダイニングは事務所へと様変わりした

マルグリット・デュラスはフランス人の両親のもとに、仏領インドシナのサイゴン（現ベトナム・ホーチミン）で生まれた。学校の校長だった父は彼女が7歳のときにフランスの故郷で病死。残された母とデュラス、ふたりの兄も父の故郷で2年間を過ごした。その村の名前は「デュラス」で、ペンネームの由来でもある。

その後一家はインドシナに戻り、母親は教員として働きながら子どもたちを育てたが、父が存命だった頃のような豪邸に住むことはできなかった。デュラスが10代中盤の数年間を過ごしたサデークには、母が校長として働き、デュラスも通った学校や、『愛人ラマン』での相手役のモデルとなった青年の住居が残っている。

デュラスが両親の母国であるフランスへ移ったのは1931年のことで、パリ大学で法律や政治学を学んだのち、1939年には最初の夫と結婚。翌年、40年以上にわたって住み続けることになるパリのサンブノワ街5番地のアパルトマンへと引っ越した。その後、1950年にインドシナ時代を描いた半自伝的長編小説『太平洋の防波堤』を発表するなど、作家として知られるようになった彼女は、パリ以外にも住居を構える。ひとつは、1958年に購入した古く大きな邸宅で、パリから40キロほど西にある村ノーフル・ル・シャトーにあった。この家は、監督した映画『ナタリー・グランジェ』の舞台にもなっている。もうひとつは、海辺の街トルヴィル・シュル・メールにあるアパルトマン「レ・ロシュ・ノワール」。ホテルを改装したこの住居を1963年に手に入れた彼女は、毎年夏を過ごし、『愛人ラマン』などを執筆している。

デュラスの足跡

1914年	フランス領インドシナのサイゴン近郊で誕生
1921年	父がフランスで死去
1924年	メコン川流域のヴィンロンやサデークで暮らす
1931年	大学進学のためフランスに帰国
1939年	ロベール・アンテルムと結婚
1940年	サンブノワ街5番地のアパルトマンへ転居
1943年	『あつかましき人々』出版。のちの仏大統領ミッテランが率いるレジタンス運動に参加
1946年	アンテルムと離婚
1947年	ディオニス・マスコロとの間の息子ジャンを出産
1950年	『太平洋の防波堤』出版
1957年	『太平洋の防波堤』が映画化される（邦題『海の壁』）
1958年	ノーフル・ル・シャトーの家を購入
1959年	広島を舞台にした映画『二十四時間の情事』の脚本を執筆
1963年	レ・ロシュ・ノワールの1戸を購入
1966年	初監督映画『ラ・ミュジカ』発表
1984年	『愛人ラマン』出版。ゴンクール賞を受賞
1996年	『これでおしまい』を執筆後、3月にパリで他界

ベトナムに残るデュラスの恋人フイン・トゥイ・レの家

Column《文豪が愛したカフェ》

パリのカフェ

文学の発信地となったカフェがひしめく

カフェの本場・フランスにおいて、カフェは文学との繋がりも深い。コーヒーがこの国に伝わったのは17世紀中盤のことで、ほどなくして誕生したカフェは急速に数を増やし、貴族や芸術家たちの社交場として栄えるようになる。その先駆け的存在が、現存するもっとも古いカフェである『カフェ・プロコープ』だ。同店は、1686年にフォッセ・サンジェルマン通り(現アンシエンヌ・コメディ通り)でオープン。3年後、近隣にコメディ・フランセーズが移転したことで、豪華な内装を施したこの店は芸術家たちに人気の場所となった。18世紀には文学サロンとしての一面も持つようになり、ルソーやモンテスキューらがここで議論を交わしたという。

フランス革命後、カフェは大衆化が進み、流行りのカフェがある場所は時代の流れとともに変わっていく。20世紀前半に文豪たちが集うカフェとして名を馳せたのが6区のサン・ジェルマン・レ・プレ地区の2つのカフェ『レ・ドゥ・マゴ』(写真)と『カフェ・ド・フロール』だ。2店は通りを挟んで隣接した建物にあり、『カフェ・ド・フロール』は詩人アポリネールが編集する雑誌の編集部が置かれ、サルトルやボーヴォワールが根城として愛した。

サルトルとボーヴォワールは『レ・ドゥ・マゴ』の客でもあり、こちらのカフェにはカミュやヘミングウェイらも通った。2体の陶器の人形(magot)が店名の由来で、文学賞を主催していることでも知られている。

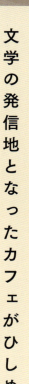

Part 4

ドイツの文豪

フランクフルトにあるゲーテの生家はもともと16世紀末に建てられたもの

創作と政務に没頭した地、ヴァイマル

ゲーテの家

JOHANN WOLFGANG VON GOETHE　1749–1832

ドイツ文学史を代表する詩人、小説家。25歳で発表した『若きウェルテルの悩み』、亡くなる前年まで執筆を続けた大作『ファウスト』、シューベルトらが曲をつけた「魔王」などで知られる。ザクセン＝ヴァイマル＝アイゼナハ公国で宰相を務めた時期もあり、自然科学者として『色彩論』などの著作も発表するなど多方面で才能を発揮した。

18世紀当時に流行していた中国趣味の美術様式シノワズリが壁紙などに残る

フランクフルト・アム・マインで生を受けたゲーテは、大学で法学を学び弁護士となったが、彼が没頭したのは、本業ではなく創作活動だった。帝国最高法院の研修生として出向いたヴェッツラーから故郷に戻った彼は、この地での失恋経験などを反映させた書簡体小説『若きウェルテルの悩み』を発表し、作家としてその名を知られることとなる。

その翌年、彼はザクセン＝ヴァイマル＝アイゼナハ公国の首都ヴァイマルに招かれる。26歳のゲーテを政務担当者として迎えたのは、公国を若くして引き継いだ18歳のカール・アウグスト公だった。翌年、ゲーテは公国の閣僚に就任し、現在ガーデン・ハウスと呼ばれている邸宅に移り住む。イルム川のそばに立つ自然に囲まれた家で決して大きくはなかったが、ゲーテは5年後に住まいを移したあとも、このガーデン・ハウスをしばしば訪れていた。彼が次に住んだのは街の中心部にある豪邸で、18世紀初めに建てられたものだった。ゲーテは1782年から亡くなるまでの実に50年もの月日をここで過ごしている。政務に没頭し、1782年には宰相に就任したゲーテだが、その4年後に休暇をとってイタリアに滞在して以降は、創作により重きを置くようになる。ゲーテと並ぶドイツ古典主義の代表者、シラーとの交流も刺激となり、1796年には教養小説『ヴィルヘルム・マイスターの修業時代』を発表。精力的に創作を続け、長編戯曲『ファウスト』の第二部が完成したのは息を引き取る前年だった。

晩年は口述筆記のかたちをとっていたが、ゲーテはもともと立ち机で執筆しており、それは彼が暮らした各住居にも残されている。

『若きウェルテルの悩み』などの初期の作品は4階にあるこの部屋で誕生した

ヴァイマル・フラウエンプランの家。壁の色は部屋ごとに異なり、ゲーテの色彩論によって書斎は目によいという緑色が選ばれた

シラーとの友情が生まれたイェーナ

ゲーテは、ヴァイマルからほど近い場所にある街イェーナへもよく足を運んだ。大学の街として栄えていたこの地を彼は宰相として支援し、その指揮のもと新たな植物園も設けられた。イェーナと縁が深い人物に、ゲーテと同時代に活躍したシラーもいる。１７８９年、シラーはゲーテの推薦でイェーナ大学の教授としてこの街へ招かれた。

当初、ふたりの仲はそこまで深いものではなかったが、１７９４年にイェーナで開かれた植物学会で再会した彼らは意気投合。その後ヴァイマルへ移り住んだシラーが１８０５年に亡くなるまで、互いに刺激を受けながら作品を発表した。現在、ふたりの文豪はヴァイマルの墓地に並んで埋葬されている。

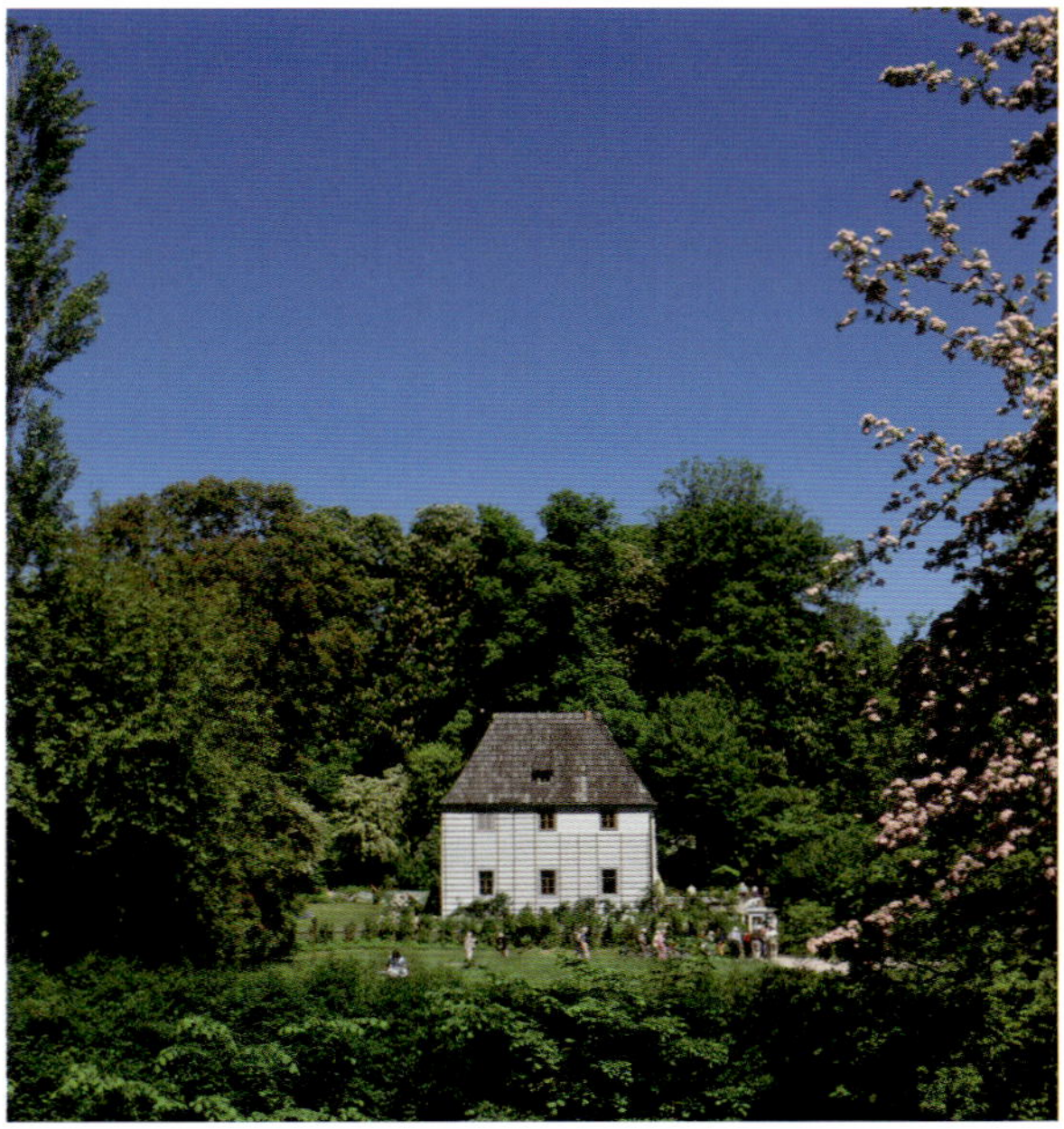

イェーナに植物園を設けたゲーテはガーデン・ハウスの庭でもさまざまな植物を育てた

ピアノはゲーテによって弾かれるだけでなく、クララ・シューマンやメンデルスゾーンも演奏しに訪れた

ゲーテは当初この豪邸を借りていたが、1792年にアウグスト公によって買い与えられ、ゲーテ好みに改装が施された

ゲーテの足跡

1749年	フランクフルトで誕生
1771年	大学を経て帰郷し、弁護士として開業
1772年	ヴェツラーの最高裁判所の研修生に
1774年	『若きウェルテルの悩み』出版
1782年	フラウエンプランの家に転居。歌劇のために「魔王」を作詞
1786年	約2年間イタリアに滞在
1794年	イェーナの国立植物園完成。シラーとの往復書簡が始まる
1796年	『ヴィルヘルム・マイスターの修業時代』完成
1797年	『ヘルマンとドロテーア』出版
1806年	『ファウスト』第一部完成
1808年	ナポレオンと会見
1809年	『色彩論』出版
1821年	『ヴィルヘルム・マイスターの遍歴時代』出版
1831年	『ファウスト』第二部完成
1832年	ヴァイマルで他界

欧州へ戻ったマンは亡くなる前年からキルヒベルクの湖畔にある家で過ごした

故郷を舞台に市民生活と芸術の相克を描く

トーマス・マンの家

THOMAS MANN　1875–1955

ノーベル文学賞を受賞したドイツの小説家。『ブッデンブローク家の人々』『トニー・クレーガー』『ヴェニスに死す』といった初期作品では、市民生活と芸術との相克を描いた。亡命後、1938年からはアメリカで暮らし、『ヴァイマルのロッテ』『ファウスト博士』などを発表。兄のハインリッヒも小説家だった。

商業都市・リューベックの裕福な商人の家庭に生まれ、兄のハインリッヒとともに作家として名を馳せたトーマス・マン。彼は故郷を舞台にした作品を多く残したが、なかでも自らの家系をモデルにし、1901年に出版した『ブッデンブローク家の人々』は代表作として知られている。

　一家の隆盛と衰退を描いた作品の舞台「ブッデンブローク・ハウス」は、現在、マン兄弟の作品に関する資料を展示した博物館となっている。この家は、もともと、市民権を得た曾祖父がマン商会を興してから約半世紀後の1842年に、祖父が購入したもの。裕福な商人が集う地区のなかでも教会の隣にあるこの邸宅を手に入れたことは、マン家の隆盛ぶりを示している。

　マンが誕生した当時、この家には祖母が暮らし、3代目で市の要職も務めた父の住居はその数軒先にあっ

チューリッヒの大学内にマンの博物館があり、そこでキルヒベルクの書斎が再現されている(右上)。かつてのキルヒベルクの書斎。現在は上記の博物館で展示されている(右下)。「ブッデンブローク・ハウス」はマン一家の繁栄の象徴でもあった(左)

た。マンも6歳まで過ごした家だが、こちらは残されていない。父の死後、マン商会は解体され、マンは商人ではなく、作家の道を選ぶ。その作品で市民生活と芸術の関係が描かれている裏には、彼の生い立ちも関係したといわれる。

１９２９年にノーベル文学賞を受賞したマンは、その後、ナチス政権に反対して海外へ亡命。１９３８年にはアメリカへ移住し、ナチスを批判しながら、文筆活動を続けた。彼はアメリカに永住するつもりでカリフォルニア州に家も建てていたが、77歳になった１９５２年にヨーロッパへ住まいを戻し、スイスへ移住。１９５４年にはチューリッヒ湖の畔にあるキルヒベルクへ転居し、翌年息を引き取った。

トーマス・マンの足跡

1875年	リューベックで誕生
1889年	カタリネーウム高校に入学。詩作を始める
1891年	父が亡くなり、マン商会が解体
1893年	詩が雑誌『社会』に掲載される
1894年	母らの住むミュンヘンへ転居。処女短編小説『転落』発表
1901年	『ブッデンブローク家の人々』出版
1903年	『トーニオ・クレーガー』出版
1912年	『ヴェニスに死す』出版
1924年	『魔の山』出版
1929年	ノーベル文学賞を受賞
1933年	亡命し、スイスに住む
1936年	ドイツの財産と国籍が剥奪される
1938年	アメリカに移住
1939年	『ヴァイマルのロッテ』出版
1940年	BBCで反ナチス定期放送開始
1941年	パシフィック・パリセーズに邸宅を建築
1944年	アメリカ市民権を取得
1952年	スイスへ移住
1954年	キルヒベルクに転居、翌年他界

モンタニョーラのカサ・カムッツィ。ヘッセはユニークな外観をしたこの建物の3部屋を借りて暮らしていた

風光明媚な湖を望む地で生涯の後半を過ごす

ヘルマン・ヘッセの家

HERMANN HESSE 1877–1962

20世紀前半のドイツを代表する詩人、小説家。2度の世界大戦では反戦の姿勢を貫いた。青春小説『車輪の下』、精神世界を描いた『デーミアン』、現代社会のアウトサイダーを主役にした『荒野のおおかみ』、ユートピア小説『ガラス玉演戯』など多彩な作品を発表。1946年にノーベル文学賞を受賞している。

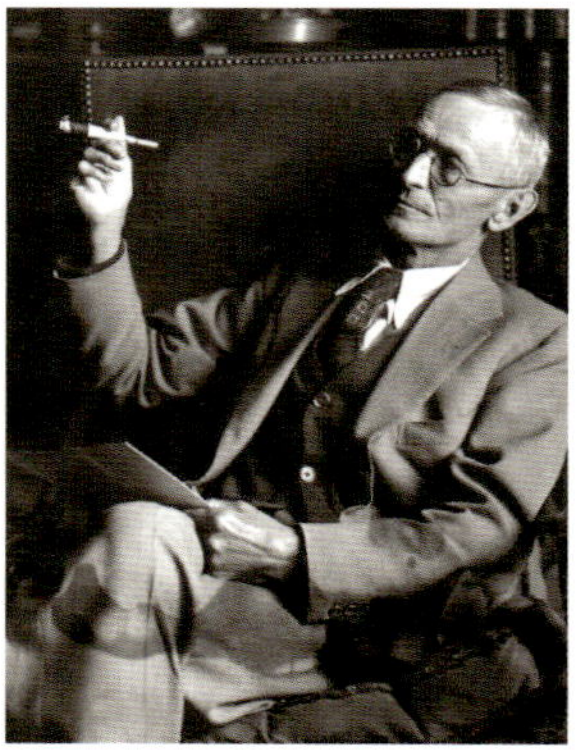

大学街として知られるテュービンゲンや幼年時代を過ごした街でもあるスイスのバーゼルで書店員として働きながら、作家としてのキャリアをスタートしたヘッセ。やがて『郷愁』や『車輪の下』で作家としての成功を掴みとった彼は、第一次世界大戦が起こった際に、新聞での評論で平和主義を表明する。このことによりドイツでの風当たりが強くなり、妻の精神障害なども重なったことで、ヘッセ自身も精神に支障を来すようになっていた。1919年に匿名で出版した『デーミアン』以降、彼の作風は大きく変化し、内面を探求していくこととなる。

この年、新天地を求めた彼は、妻や3人の子どもと別れ、スイス南部・テッスィーン地方のモンタニョーラへと移り住む。ルガーノ湖近くの緑豊かな土地で、住まいはバロック様式を模した風変わりな外観のアパート「カサ・カムッツィ」だった。の

カサ・カムッツィの敷地にあるトーレ・カムッツィはヘッセの博物館となっており、愛用したタイプライターなどが展示されている（左・右上）。温暖な気候と豊かな自然に恵まれたモンタニョーラからはルガーノの湖を見渡せる（右下）

ヘッセの足跡

1877年	カルプで牧師の第2子として誕生
1899年	詩集『ロマンティックな歌』出版。スイスのバーゼルにあった書店で働く
1904年	『郷愁』出版。マリア・ベルヌリと結婚、ガイエンホーフェンに転居
1906年	『車輪の下』出版
1907年	ガイエンホーフェンのエルレンローに家を建てる
1910年	『春の嵐』出版
1912年	スイス・ベルンに移住
1914年	第一次世界大戦が勃発
1919年	『デーミアン』を匿名で出版。モンタニョーラへ転居
1927年	『荒野のおおかみ』出版
1931年	ニノン・アウスレンダーと結婚（三度目）。カサ・ロッサ（カサ・ヘッセ）に転居
1939年	ナチスから好ましくないとされ、作品の再版が禁止される
1943年	『ガラス玉演戯』出版
1946年	ノーベル文学賞受賞
1962年	モンタニョーラで他界

ちにヒッピーに影響を及ぼす『荒野のおおかみ』は、ここで書かれ、1927年、彼の50歳の誕生日に出版された。また、彼はこの地に来る少し前から水彩画を描くようになり、美しい景色が広がるテッスィーン地方は格好の題材でもあった。

1931年、3番目の妻ニノンと結婚したヘッセは、同じモンタニョーラの新居へ引っ越している。資産家のハンス・ボードマーがヘッセのために建てたもので、その外観から「カサ・ロッサ（赤い館）」と呼ばれていた。幼い頃からドイツやスイス各地を転々としていたヘッセだが、亡くなるまでの30年以上をこの家でニノンと過ごすこととなる。

Column《文豪が愛した街》

ヴァイマル

小さな街がドイツ文化の中心に

　ドイツ中部の小都市ヴァイマル（ワイマール）。中心部にあるヴァイマル国民劇場前の広場には、握手をするゲーテとシラーの像が立っている。1918年のドイツ帝国崩壊の翌年、この劇場で開かれた国民会議によってヴァイマル憲法が制定され、1933年まで続くヴァイマル共和政時代が始まった。国民劇場の建物こそ第二次世界大戦後に再建されたものだが、街にはヴァイマル共和政時代とゲーテやシラーが活躍した時代という2つの時代の文化を伝える建物が残り、それぞれ世界遺産に登録されている。前者はモダニズム建築に多大な影響を与えた学校「バウハウス」に関連したもの。一方の後者は「古典主義の都ヴァイマル」として18世紀後半から19世紀初頭の文化を伝える建物や公園が世界遺産登録されている。

　対象となっているのは12の物件で、ゲーテの2つの邸宅やシラーの邸宅、ゲーテに招かれた哲学者ヘルダーが教区監督をしていた教会など、文化人に縁のあるものが中心となっている。当時人口6000人だった小都市ヴァイマルがドイツ文化の中心となった背景には、領主カール・アウグスト公からの援助があった。彼が幼い頃に摂政を務めていた母親アンナ・アマーリアも芸術に理解ある人物で、彼女が建設したドイツ初の公共図書館も世界遺産の対象となっている。また、1774年に火災でほぼ焼失し、ゲーテ指揮のもと1803年に再建されたワイマール宮殿も世界遺産に含まれている。

Part 5

ロシアの文豪

トゥルゲーネフが幼い頃、スパースコエの屋敷は壮大なものだったが、1839年の火災によって当時の姿は失われている

『猟人日記』をもたらした幼き日の体験

イワン・トゥルゲーネフの家

IVAN TURGENEV 1818−1883

ドストエフスキーやトルストイとともにロシア文学の黄金期を彩るひとり。長年、ドイツやフランスなど海外で過ごしたため、作品は西ヨーロッパでも親しまれ、海外へのロシア文学の紹介にも一役買った。代表作として父親が主人公の恋敵となる『初恋』、ニヒリスト世代と旧世代との対立を描いた『父と子』などが知られている。

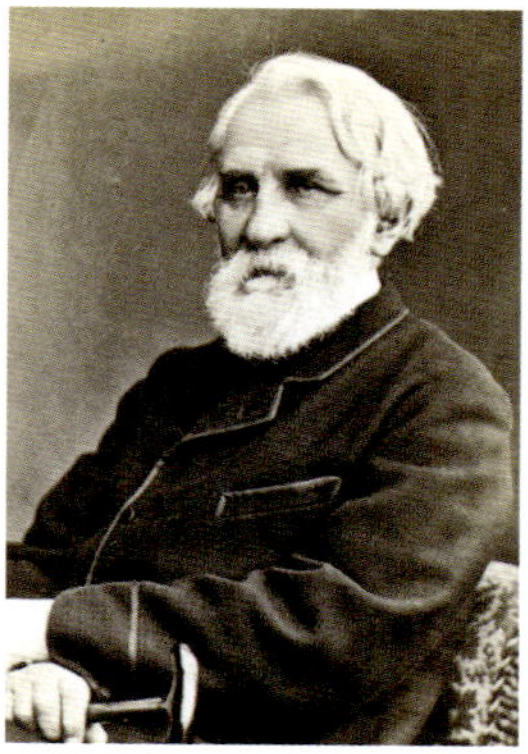

オペラ歌手ポーリーヌ・ガルシア・ヴィヤルド夫人に惚れ込み、その一家を追いかけるようにして作家生活の大半を海外で送ったトゥルゲーネフ。彼が幼年期を過ごしたのは、ロシア西部オリョール州のスパースコエ村だった。もともと母がその叔父から領地として受け継いだ土地で、家の周辺は豊かな緑が広がっていた。母は5000人ほどの農奴を所有していたが、農奴の扱いは酷いもので、トゥルゲーネフは農奴制への嫌悪感を募らせていった。

1847年、ヴィヤルド夫人を追ってパリにいた彼は、故郷周辺を舞台にした短編を『同時代人』誌に発表する。「猟人の日記より」という副題を冠したこの作品が好評だったことを受け、のちに『猟人日記』としてまとめられる一連の作品を1851年まで次々と掲載。これらは故郷周辺の見事な自然を描写するとともに、農民たちの置かれた過酷な環境も浮き彫りにし、農

スパースコエの周辺にはシラカバなどの森が広がり、木立のなかを涼しげに道が伸びる（右上、右下）。トゥルゲーネフの邸宅の敷地には博物館もあり、パリで使われた家財なども展示されている（左）

奴制を批判するものだった。彼は1850年にロシアへ戻るが、この年、母が亡くなり、スパースコエにある財産を相続。農民の待遇を改善している。

一方、一連の作品で当局から目をつけられた彼は、1852年にゴーゴリへの追悼文を発表した際に逮捕され、1ヶ月の投獄後、スパースコエで1年半幽閉されることになる。しかし、この逮捕後に出版された『猟人日記』は話題を呼び、彼の出世作となるとともに、1861年の農奴解放へと繋がっていった。なお、スパースコエの邸宅は1839年と1906年に火災によって焼失。現在の建物は彼の生誕150周年を記念して復元が決定し建てられたもので、それに合わせて遺品が集められ、書斎も再現されている。

トゥルゲーネフの足跡

1818年	オリョール県で誕生、スパースコエで育つ
1821年	スパースコエ村に移る
1827年	モスクワへ転居
1834年	ペテルブルグ大学哲学部に転入。父が亡くなる
1838年	詩「夕ぐれ」を発表
1840年	イタリア滞在を経てベルリン大学で学ぶ
1841年	モスクワへ転居
1842年	農奴の女性との間に娘が誕生
1843年	ヴィヤルド夫人と出会う
1847年	フランスやドイツで生活（～50年）
1850年	母が死去。スパースコエの領地を相続
1852年	ゴーゴリ追悼文を発表し逮捕され、スパースコエにて幽閉される『猟人日記』出版
1856年	『ルージン』出版
1860年	『初恋』出版
1862年	『父と子』出版
1863年	ドイツ・バーデン・バーデンに移り、翌年住居を建築
1871年	パリへ転居
1883年	他界

ペテルブルグでたびたび転居をくり返したドストエフスキーの最後の住居。
彼が暮らした場所の多くはこの建物のように角地にあった

転居をくり返したサンクト・ペテルブルグでの日々

ドストエフスキーの家

FYODOR DOSTOYEVSKY　1821–1881

19世紀のロシアを代表する作家のひとりで、ロシア最初の職業作家ともいわれる人物。処女作『貧しき人々』に始まり、代表作として知られる『罪と罰』『白痴』『未成年』など、その作品の3分の2は、長年拠点としたサンクト・ペテルブルグを舞台としている。4部構成の『カラマーゾフの兄弟』が最後の長編作品となった。

ドストエフスキーは、父が医師として務めていたモスクワ郊外の救貧養育院付属聖マリア慈善病院で生まれた。モスクワで育った彼は、工兵学校への入学準備のため、サンクト・ペテルブルグの寄宿学校に入学。以降、彼はこの街に約28年間暮らし、その作品の多くでペテルブルグを舞台として描いた。放浪癖と浪費癖のために転居をくり返し、彼が過ごした住居の数はペテルブルグだけでなんと20にものぼる。

彼がこの街を長期間離れたことは２度あり、１度目は１８４９年からの10年間で、シベリアへの流刑に処され、さらに兵役に従事していた時期だった。２度目は、借金に追われて１８６７年４月から欧州を放浪した４年間で、その直前に彼は２番目の妻アンナと結婚している。ふたりはドストエフスキーが１８５７年１月まで暮らしていたアパートで出会っている。前年の10月、彼は『賭博者』の締め切りに追われていた。そこで彼を助けるべく派遣された速記係がアンナだった。また、同時期に彼は別の作品も連載しており、それがペテルブルグを舞台とした名作『罪と罰』だった。

このアパートをはじめ、彼の暮らした住居の多くが今日も残っており、最後の住居となった建物は博物館になっている。『罪と罰』を書いたアパートと同様に角地に建つこのアパート、実は、彼が作家になり立てだった若かりし頃に2室を借りて暮らし、『分身』を執筆した場所でもあった。長い年月を経て大作家となったドストエフスキーが暮らしたのは6室からなる住居で、１８７８年から亡くなるまでの日々をここで過ごし、『カラマーゾフの兄弟』を執筆している。

博物館になっている最後の家。その書斎にある2本の燭台が置かれた机で彼は『カラマーゾフの兄弟』などを書き上げた

ドストエフスキーの足跡

1821年	モスクワで誕生。8人きょうだいの第2子（次男）
1837年	兄とともにペテルブルグの予備寄宿学校へ入学
1846年	『貧しき人々』『分身』出版
1849年	ペトラシェフスキー事件に連座して銃殺刑を宣告される。処刑場で特赦されたのち、シベリアへ流刑になる
1854年	懲役が終了し、セミパラチンスクで国境警備の兵役につく
1857年	最初の妻マリアと結婚。貴族としての権利を回復
1859年	『伯父様の夢』出版
1860年	ペテルブルグへ帰還
1861年	『時代』誌を発刊。『虐げられた人々』出版
1862年	『死の家の記録』発表
1864年	妻マリアが死去。『地下室の手記』出版
1866年	速記役として2番目の妻となるアンナが訪問。『罪と罰』『賭博者』発表
1867年	アンナと結婚
1868年	『白痴』出版
1872年	『悪霊』出版
1875年	『未成年』出版
1880年	『カラマーゾフの兄弟』出版
1881年	他界

トルストイは巨大なマナーハウスで生まれたが、彼がクリミア時代に売却して移築されたため、それ以降は現在博物館となっている建物が住居になった

相続した故郷の領地で地主や教育者としても活躍

レフ・トルストイの家

LEV TOLSTOY 1828–1910

19世紀のロシアを代表する小説家であり、思想家。同時期に活躍したトゥルゲーネフと同様に地主としての顔も持ち、『戦争と平和』、『アンナ・カレーニナ』といった今日も読み続けられる文芸作品に加えて、初等教育の教科書も残した教育者でもある。晩年は非暴力主義を訴え、その思想はガンディーにも影響を与えた。

レフ・トルストイが生まれ育ち、『戦争と平和』や『アンナ・カレーニナ』を執筆した家は、モスクワの南部に位置するトゥーラ郊外のヤースナヤ・ポリャーナにある。彼はここで生涯の大半を過ごし、地主としても活躍した。

両親を早くに亡くしたトルストイは、10代中盤を後見人がいるカザンで過ごし、18歳のときにヤースナヤ・ポリャーナの領地と約300人の農奴を相続した。若き地主として、農民の生活改善のため改革に乗り出したが、地主階級に不信を抱く農民たちの理解を得られず、あえなく失敗。自暴自棄の生活を送ったあと、カフカースで軍隊に入り、当地での戦闘に参加する。文壇デビューを果たしたのはこの頃で、自伝的な処女作『幼年時代』によって、彼は注目の作家となった。

クリミア戦争に参戦後、故郷に戻ったトルストイは、執筆活動の傍

家族とともに冬場を過ごしたモスクワの書斎。視力の衰えたトルストイが原稿を見やすいように椅子の足を切って短くしている

トルストイは小さな文字で原稿を書き、妻ソフィアが清書していた

らで再び農民の待遇改善を試み、敷地内に学校も設立。自由を尊重した独自方針による学校は数年で閉校となったが、その後も『初等教科書』や教育論の書籍を出版するなど、教育界にもその功績を残した。

トルストイは1862年、34歳のときに18歳のソフィアと結婚する。この妻とは晩年不仲になり、家出をした先で彼は最期を迎えることになるが、2人の間には夭折した子どもたちも含めて9男4女が誕生している。トルストイ一家は夏を自然豊かなヤースナヤ・ポリャーナで過ごし、冬場はモスクワを拠点にした。モスクワには、1882年から1901年まで暮らした木造の邸宅が今も残り、故郷の家と同様に博物館になっている。

トルストイの足跡

1828年	ヤースヤナ・ポリャーナで伯爵家の四男として誕生
1837年	モスクワへ転居
1844年	カザン大学に入学
1847年	ヤースヤナ・ポリャーナの家を相続。退学して故郷に戻る。農事改革に失敗
1850年	創作活動を始める
1851年	カフカースで軍隊に入る
1852年	『幼年時代』を『現代人』誌に発表
1853年	クリミア戦争が勃発
1854年	『少年時代』発表
1855年	『セヴァストーポリ物語』発表
1856年	ペテルブルグに滞在、年末に除隊
1857年	『青年時代』発表
1859年	ヤースヤナ・ポリャーナで学校を設立
1862年	ソフィアと結婚
1869年	『戦争と平和』出版
1872年	『初等教科書』出版
1878年	『アンナ・カレーニナ』発表
1885年	『イワンのばか』出版
1898年	『芸術とは何か』発表
1899年	『復活』発表
1910年	家出ののち、体調を崩して他界

チェーホフが妻や母、妹と暮らしたヤルタの家は「ホワイト・ダーチャ（別荘）」と呼ばれた。それぞれの窓の形が異なるのも特徴

病魔に侵されながらも名作を綴り続ける

アントン・チェーホフの家

ANTON CHEKHOV　1860–1904

ロシアを代表する劇作家、小説家。ユーモア誌でデビューしたのち、本格的な作風に変わり、医師として働きながら創作を続けた。『かもめ』『ワーニャ伯父さん』『三人姉妹』『桜の園』は彼の四大戯曲として知られ、初演に失敗した『かもめ』はモスクワ芸術座の再演で好評を博し、他の3作もすべてモスクワ芸術座で上演された。

海辺の街タガンログで雑貨商を営む家庭に生まれ、医師そして作家として活躍したチェーホフ。彼が創作を始めたのは奨学金を得てモスクワ大学医学部に通っていた頃で、ペンネームを用いて娯楽雑誌などでユーモラスな短編やコントを次々と発表した。16歳のときに父が破産しており、創作活動は家計を支えるためでもあった。やがてペンネームは本名に代わり、作風も本格的になっていく。最初にチェーホフの名が作品に記されたのは医師となって3年目の１８８６年だった。

医師として働きながら作家としての地位も固めた１８９０年には、のちにルポルタージュ『サハリン島』として実を結ぶサハリンでの流刑囚たちの調査旅行を実施。１８９２年には、モスクワ近郊のメリホヴォ村に土地を購入し、自宅と診療所を構えた。ここで彼は医師として飢饉やコレラといった難題に対応しなが

ホワイト・ダーチャの書斎に立つチェーホフ

モスクワには彼が1886年から1890年まで暮らした住居が残っている

チェーホフの足跡

1860年　タガンログで誕生
1879年　モスクワ大学医学部に入学
1880年　『隣りの学者への手紙』発表
1883年　『小役人の死』発表
1884年　『カメレオン』発表。大学卒業
1886年　作家グリゴローヴィチから賞賛の手紙を受け取り、本格的な作品を志す
1887年　『たそがれに』、戯曲『イワーノフ』発表
1888年　『ねむい』『ともしび』発表
1890年　サハリンを旅行し、流刑囚の実態を調査
1892年　メリホヴォに転居
1895年　『サハリン島』出版
1896年　『中二階のある家』、戯曲『かもめ』発表
1897年　戯曲『ワーニャ伯父さん』発表
1898年　療養のためヤルタに家を建て、翌年転居
1901年　『三人姉妹』初演。モスクワ芸術座の女優オリガ・クニッペルと結婚
1903年　戯曲『桜の園』発表
1904年　療養先のドイツで他界

ら、小学校を寄贈するなど人道的活動も行っている。もちろん執筆も続け、『かもめ』や『ワーニャ伯父さん』といった戯曲などを完成させていたが、持病の結核が徐々に体を蝕んでいった。

１８９９年には、療養のために黒海に面したクリミア半島の南端にあるヤルタへと転居。ヤルタの気候は温暖で、チェーホフ邸の庭には園芸が趣味だった彼の手によって、１００種類以上の植物が植えられた。１９０１年にはモスクワ芸術座の女優オリガ・クニッペルと結婚し、『三人姉妹』や『桜の園』といった代表作も残したが、体調は悪化。１９０４年、転地療養に訪れていた南ドイツ・バーデンワイラーのホテルで息を引き取った。

長年のイタリアでの生活を終えたゴーリキーにはこの白亜の豪邸と郊外の別荘が用意された

母国の文化向上を願いつつ迎えた最期

マクシム・ゴーリキーの家

MAXIM GORKY　1868–1936

社会主義リアリズムの祖ともされる作家。貧しい幼少時代を送り、底辺で生きる人々を描いた数々の作品を世に送り出した。代表作に木賃宿を舞台にした戯曲『どん底』や亡命中に執筆したプロレタリア文学『母』など。晩年は母国の文化レベルの向上に力を入れようとするも、政治的な意図で軟禁状態におかれるなど不遇な時期を過ごした。

作家マクシム・ゴーリキーが晩年暮らしたモスクワの家は、アールヌーボー建築の豪華な邸宅だが、そこにたどり着くまでには険しい道のりが続いていた。

幼い頃に父を亡くした彼は、染め物工場を経営する母方の祖父の家で育てられる。しかし、すぐに祖父が破産してしまい、学校に通えたのはわずか2年だった。11歳のときに靴屋へ奉公に出され、その後、汽船の皿洗い、聖像画工房の助手などの職を転々とするなかで読書の楽しみを知った彼は、社会の底辺に身を置きながら独学を続ける。各地を放浪した後、1892年に作家としてデビュー。1898年には初めての作品集を出版する。自らがもがいてきた社会の底辺で生きる人々を描いた彼の作品は、これまでのロシア文学にはない新しいものだった。この作品集がヒットしたことで、ゴーリキーという筆名は国内外で知られるようになり、1902年には代表

スターリンと語らうゴーリキー（右下）。ゴーリキーが晩年暮らした邸宅はモスクワを代表するアールヌーボー建築でもあり、波をモチーフにした階段などユニークなデザインが施されている（左）。書斎にはゴーリキーが収集した東洋の装飾品も置かれた（右上）

作となる戯曲『どん底』を発表、モスクワ芸術座で初演された。

作家として名を馳せる一方、10代後半から革命運動に関わっていた彼はたびたび逮捕されており、1906年から7年間は海外生活を余儀なくされていた。帰国後の1917年、ついに帝政ロシアが崩壊。出版社創設などの文化活動に力を注いだが、レーニンと知識人に対する処遇で対立し、結果、結核の療養という名目で再びイタリアで暮らすことになる。国民的作家として母国に住まいを戻したのは1931年。その帰還は政治宣伝に利用され、豪華な邸宅をあてがわれた彼は、1934年にソヴィエト作家同盟を結成し、議長に就任する。しかし、その後は事実上の軟禁状態におかれ、人生の幕を閉じた。

ゴーリキーの足跡

1868年	ニジニ・ノヴゴロドで誕生
1876年	祖父の工場が倒産
1887年	カザンで自殺未遂を起こす
1892年	鉄道工場で働きながら執筆した短編小説が地方紙に掲載される
1898年	作品集2巻を出版
1899年	長編『フォマ・ゴルデーエフ』出版
1901年	散文詩「海燕の歌」、戯曲『小市民』発表
1902年	戯曲『どん底』発表
1905年	血の日曜日事件に関連して逮捕される
1906年	渡米後、イタリアのカプリ島に移住。戯曲『敵』発表
1907年	『母』出版
1913年	『幼年時代』出版。ロシアへ帰国
1916年	『人々の中で』出版
1917年	十月革命が起こる
1921年	レーニンのすすめで結核療養のためイタリアのソレントへ移住
1923年	『私の大学』出版
1931年	スターリンの依頼でロシアに戻り、モスクワの邸宅で暮らす
1936年	モスクワ郊外で他界

サンクト・ペテルブルグ

Column《文豪の描いた街》

19世紀の面影残る人工の街

ドストエフスキー、トゥルゲーネフ、トルストイがそろい踏みしていた19世紀は、ロシアの文学史における黄金期ともいえる。この時代、ロシアにはモスクワとサンクト・ペテルブルグの二つの首都があった。ペテルブルグは、18世紀初頭、ピョートル大帝の指揮のもと西欧諸国を参考に造られた人工の都市である。工事は１７０３年に始まり、ネヴァ川河口の沼地を埋め立て、ロシア中から集めた石を用いた石造りの街が築かれた。１７１２年に首都の地位を与えられ、１７５４年に王宮（冬宮／現エルミタージュ美術館）が完成。この王宮に隣接する海港都市の象徴でもある海軍省を中心に放射線状に街が広がり、１８００年には人口が22万人に達した。

前述した３人の文豪はいずれもこの街で過ごした時期があったが、もっとも縁が深いのは、やはりドストエフスキーだろう。ペテルブルグは第二次世界大戦の激しい包囲戦で被害を受け、地名や通りの名前も時代によって変化したが、石造りの街並みはドストエフスキーが暮らしていたころの面影を残し、今も彼の数々の住居や作品の世界を楽しむことができる。代表作『罪と罰』ももちろんペテルブルグが舞台で、作品に登場するさまざまな建物が、描写などをもとに推測されている。たとえば、主人公の学生ラスコーリニコフの「S横町」（旧ストリヤールヌイ横町）にある住居や、そこから「７３０歩」先にある、彼に殺害された金貸しの老婆の住居などだ。また、これらの建物と同様にこの作品の重要な舞台となっているセンナヤ広場（写真）も、現在では『罪と罰』ファンの観光スポットとなっている。

Part 6

北欧
&
イタリアの文豪

晩年のイプセンが暮らしていたアパートを改装したイプセン博物館は1990年に設立。生涯最後の2作品を執筆した書斎も再現された

不遇の時代を経て大作家として母国に帰還

ヘンリック・イプセンの家

HENRIK IBSEN 1828–1906

近代演劇の父とも称される人物。海外を拠点に活動した間に執筆した『ブラン』や『ペール・ギュント』などで成功を収める。帰国後も『棟梁ソルネス』や『ヨーン・ガブリエル・ボルクマン』を執筆。当時、彼の作品はスキャンダラスなものと考えられていたが、今日ではシェイクスピアに次いで世界で数多く上演されているといわれる。

イプセン博物館では、各地で保存されていた本物の家財を用いてイプセン一家が生活していた当時の部屋を復元している

イプセンは、港町シェーンの裕福な商人の家庭に生まれた。しかし幼い頃に、父親が事業に失敗。街の中心部にあった大きな屋敷をはじめ資産は売り払われ、一家はサマーハウスとして所有していた郊外の家へと転居した。15歳になると、彼は親元を離れ、グリムスタという街の薬局で見習いとして働き始める。最初の戯曲『カティリーナ』は、薬局で忙しく働いていた20歳のときに執筆されたものだった。

その後、劇作家として頭角を現し、若くしてベルゲンやクリスチャニア（現在のオスロ）にあるノルウェー語の劇場で舞台監督などの要職に就く。しかし、当時のノルウェーはデンマーク語による演劇が主流で、歴史の浅いノルウェー語の劇場の経営は苦しかった。

１８６４年、イプセンはついに国外に活動の場を求め、奨学金や友人からの援助を受けてノルウェーを離れる。彼は妻子とともにローマやドレスデン、ミュンヘンなどを拠点として活動し、イタリアのソレントやアマルフィといったリゾート地に滞在して作品を書くこともあった。

この長年にわたる海外生活で大成功を収めた彼は、１８９１年にようやく母国に住まいを戻す。１８９５年以降は、王宮近くにあるアパートで過ごし、その書斎には、ライバル視していた20歳下の作家ストリンドベリの肖像画が飾られていたことが知られている。１８９６年には『ヨーン・ガブリエル・ボルクマン』を発表。この作品は１９０９年、日本で初めての西洋近代劇として翻訳上演された。また、１８９９年にはオスロの国立劇場が完成。当時から今日に至るまで、彼の作品を中心に上演している。

イプセンの足跡

1828年	シェーンで誕生
1844年	グリムスタの薬局で見習いに
1848年	戯曲『カティリーナ』を執筆
1850年	『カティリーナ』を自費出版。クリスチャニア（オスロ）へ転居
1851年	ベルゲン・ノルウェー劇場の座付作家兼舞台監督に
1853年	『聖ヨハネ祭の夜』初演
1857年	クリスチャニア・ノルウェー劇場の芸術監督に
1858年	『ヘルゲランの勇士たち』初演
1864年	イタリアへ移住（海外生活が始まる）
1866年	劇詩『ブラン』出版
1867年	『ペール・ギュント』出版
1879年	アマルフィで『人形の家』を執筆、同年初演
1885年	『野鴨』初演
1891年	国外生活を終え、クリスチャニアに戻る
1895年	『小さなエイヨルフ』初演
1897年	『ヨーン・ガブリエル・ボルクマン』初演
1899年	ノルウェー国立劇場開場。『民衆の敵』を上演
1906年	他界

ラーゲルレーヴが取り戻したあとに改築し、現在の姿になったモールバッカ

作家として成功し取り戻した思い出の地

セルマ・ラーゲルレーヴの家

SELMA LAGERLÖF 1858–1940

女性として初めてノーベル賞文学賞を受賞したスウェーデンの作家。同国における新ロマン主義の代表作『イエスタ・ベルリングのサガ』でデビュー。農民のエルサレム集団移住を題材にした『エルサレム』や初等教育の地理読本用に依頼されて書いた『ニルスのふしぎな旅』で知られる。晩年は女性解放運動にも取り組んだ。

セルマ・ラーゲルレーヴが育ったモールバッカ農場は、スウェーデン南西部ヴェルムランド地方のスンネにある。幼少期に足を患っていたこともあって読書にのめりこんだ彼女は、やがて自らも創作を始めていた。彼女は23歳のときに自分で生計を立てることを決意し、生家を離れ、師範学校へと進学。教員となってランスクローナにある女子学校で働くが、その頃、父を亡くしたモールバッカでは農場の経営が行き詰まり、土地や建物が人手に渡っていた。

一度は失ったこの思い出の地を取り戻すのに貢献したのは、彼女が幼少期から続けていた創作だった。1890年、雑誌の懸賞に入選し、翌年にはこの入選作品の完全版となる長編『イエスタ・ベルリングのサガ』を出版。故郷ヴァルムランド地方の伝承をもとにした同作が、デンマーク語に翻訳されて評判となり、彼女の名は海外にも知られること

書棚に囲まれたモールバッカの書斎

モールバッカはラーゲルレーヴの遺志により、当時のままに保存され、一般に公開されている

となった。1895年からは作家に専念し、『エルサレム』や『ニルスのふしぎな旅』を発表。1909年にはスウェーデン人として、さらに女性として初めてのノーベル文学賞を受賞する。彼女はこの数年前から文筆によって得た資金でモールバッカの建物や土地を買い戻しており、ノーベル賞の賞金によって、ついに家族との思い出の地を完全に取り戻すことに成功する。

1793年に建てられた屋敷は、1921年から1923年に改築され、新古典主義様式に生まれ変わった。彼女はここで『モールバッカ』と題した3巻の回想録などを書き記す一方で、農場経営者としても腕をふるい、その名を冠したオートミールを出荷していた時期もあった。

セルマ・ラーゲルレーヴの足跡

1858年	ヴァルムランド地方スンネのモールバッカで5人きょうだいの第四子として誕生
1885年	師範学校を卒業後、ランスクローナの女子学校で教員に
1889年	モールバッカが人手に渡る
1891年	『イエスタ・ベルリングのサガ』出版
1895年	王室やスウェーデンアカデミーの支援で作家に専念
1897年	ファールンへ転居
1901年	『エルサレム』第一部を、翌年に第二部をそれぞれ出版
1906年	『ニルスのふしぎな旅』（第一部）出版
1907年	『ニルスのふしぎな旅』（第二部）出版。手放した邸宅や庭園を買い戻す
1909年	ノーベル文学賞受賞
1922年	自伝『モールバッカ』出版
1925年	『レーヴェンシェルドの指輪』三部作を出版（～28年）
1930年	『子供時代の思い出』（『モールバッカ』第二巻）を出版
1932年	『モールバッカ日記』（『モールバッカ』第三巻）出版
1933年	『土間で書いた話』出版
1940年	他界

その壁の色からグリーンルームと呼ばれるブリクセンの生家の一室

故郷のデンマークで振り返ったケニアでの18年

カレン・ブリクセンの家

KAREN BLIXEN 1885–1962

40代後半から本格的に執筆を始め、デンマーク語と英語で作品を発表した女流作家。英語版はイサク・ディーネセンという男性名で知られる。ケニアでの生活を回想した『アフリカの日々』に続いて、短編集『運命綺譚』収録の『バベットの晩餐会』も映画化され、アカデミー賞最優秀外国語映画賞を獲得している。

博物館となっている生家には池もあり、アフリカとはまた異なる自然が広がる

英語作品に使われた男性名イサク・ディーネセンとしても知られるカレン・ブリクセン。１８８５年にロングステズで生まれた彼女は、自宅で教育を受けたのちコペンハーゲンの王立美術アカデミーなどで学び、22歳のときには文芸誌で作品が掲載されている。ただ、本格的に小説を書き、作家として注目を集めるのはまだ先のことだった。

１９１４年、彼女は父方の親戚でもあったスウェーデンのブロール・ブリクセン男爵と植民地時代のケニアに渡って結婚。ナイロビ近郊でコーヒー農園を営んだ。１９１７年から暮らしたのは、ンゴングヒルの麓にあるバンガロー様式の建物で、彼女はこの家を「Bogani」（森の家）と呼んでいた。ブロールとの結婚生活が終焉を迎えたあとも彼女はこの地に残って農園経営を続けたが、火災や世界恐慌の影響を受けて経営継続を断念。１９３１年にデンマークへ帰国してからは、二度とケニアへ戻ることはなかった。

ウーアソン海峡を臨む場所にある生家で再び暮らすことになった彼女は、本格的に執筆活動を開始。その書斎は、デンマークの詩人ヨハネス・イーヴァルにちなんで"Ewald's Room"と呼ばれていた。彼女は１９３４年発表の『七つのゴシック物語』で成功を収めると、１９３７年には『アフリカの日々』を出版する。ケニアでの暮らしを回想したこの作品は、のちに映画化（邦題は『愛と哀しみの果て』）され、アカデミー賞作品賞を獲得。すでに亡くなっていた彼女の名を再び知らしめた。

ブリクセンが暮らした家は現在、デンマークの生家、ケニア・ナイロビ近郊の家とともに博物館として公開されている。

頭部つきのライオンの毛皮がインテリアになったナイロビの住居

独立したケニアへのプレゼントに

ブリクセンが暮らしていた頃、ケニアはイギリスの植民地だった。独立を果たしたのは1963年で、このときケニア政府はブリクセンが暮らした家を寄贈されている。人手に渡っていたこの家を買い取り、独立のプレゼントとしたのはブリクセンの母国デンマークの政府だった。

その後しばらく栄養大学の施設として活用されていた彼女の家は、1985年に『アフリカの日々』が映画化されたのを機に、翌年から国立カレン・ブリクセン博物館として生まれ変わった。博物館のために、彼女がケニアを離れる際に売り払った家財も寄贈され、映画関連の品々とともに展示されている。

ブリクセンの足跡

1885年	デンマークのロングステズで誕生
1903年	王立美術アカデミー入学
1907年	『The Hermits』が文芸誌に掲載される
1914年	ブロール・ブリクセンと結婚。ケニアへ移住し、ナイロビ近郊でコーヒー農園を経営
1916年	ケニアでカレン・コーヒー・カンパニーを設立
1918年	恋仲になるイギリス人ハンターのデニス・フィンチ・ハットンと出会う
1921年	ブロールと距離を置き、コーヒー農場経営を続行
1925年	ブロールと離婚
1931年	世界恐慌などの影響でコーヒー農園を失い、デンマークへ帰国。それに先立ちハットンが飛行機事故で亡くなる
1934年	『七つのゴシック物語』出版
1937年	『アフリカの日々』出版
1942年	『冬物語』出版
1958年	『運命綺譚』出版
1962年	他界

大きく庇が張り出したベランダがあるバンガロー様式のブリクセンの住居。
近隣には、彼女のファースト・ネームを冠した地区もある

イル・ヴィットリアーレ・デッリ・イタリアーニの広大な敷地に建つ住居「プリオーリア」。外壁にも多数の装飾が施されている

自宅が円形劇場や軍艦もある巨大複合施設に

ガブリエーレ・ダンヌンツィオの家

GABRIELE D'ANNUNZIO 1863–1938

19世紀後半から20世紀初頭に活躍したイタリアの詩人、小説家、劇作家。16歳で自費出版した詩集で注目され、耽美主義の代表作といわれる小説『死の勝利』やドビュッシーとの共作『聖セバスチャンの殉教』といった作品を発表した。軍人、政治家としても活動し、その思想はムッソリーニにも影響を与えた。

ダンヌンツィオの死から62年を経た2000年には、彼が生前に構想していた軍事博物館も設けられた

裕福な家庭に生まれ、16歳のときに処女詩集を出版し、若くして注目されたダンヌンツィオ。その後ローマやセッティニャーノなどを拠点に詩や小説、戯曲などを次々と発表してその才能を見せつけたが、一方で女優のドゥーゼら数々の女性と浮き名を流し、多額の借金を背負ってフランスへ逃亡。第一次世界大戦ではパイロットとして参戦し、緊急着陸した際に片目を失明するなど、その生き様は型破りなものだった。

国粋主義者でもあった彼は、1919年には武装集団を率い、イタリアが領有を主張していたフィウーメ（現クロアチアのリエカ）を占拠。最終的には他国との関係を考慮した母国とも対立し、投降することになる。この事件後、失意のうちに彼が向かったのが、ガルダ湖のほとりにあるリゾート地ガルドーネ・リビエーラだった。この地に住まいを移した彼は、長年をかけて巨大な芸術作品のような複合施設「イル・ヴィットリアーレ・デッリ・イタリアーニ」を築きあげていく。その中心となったのはドイツ人の歴史家から買い取った邸宅で、彼はプリオーリアと呼んだこの建物を建築家の協力を得てアールデコ調に改築。書斎や寝室、風呂をはじめ室内外が世界中から集めた大量の芸術品で飾られた。当初は2ヘクタールだった敷地は9ヘクタールにまで拡大。ガルダ湖を望む円形の野外劇場が造られ、海軍から贈られた軍艦が木立に囲まれるように設置された。彼は1938年に亡くなるまでここで暮らし、その死後に敷地内の高台に築かれた霊廟に埋葬されている。

ダンヌンツィオの足跡

1863年	ペスカーラで誕生
1879年	詩集『早春』出版
1881年	ローマ大学入学
1883年	マリアと結婚（91年に離婚）
1889年	『快楽』出版
1891年	ナポリに移住
1892年	『罪なき者』出版
1893年	フランカヴィッラ・アル・マーレに移住
1894年	『死の勝利』出版
1897年	下院議員に選出される
1898年	愛人と暮らすためセッティニャーノに移住。戯曲『死都』発表
1900年	『炎』出版
1901年	戯曲『フランチェスカ・ダ・リーミニ』発表
1910年	借金のためフランスへ逃亡
1911年	戯曲『聖セバスチャンの殉教』発表
1915年	帰国して第一次世界大戦参戦
1919年	フィウーメ占拠事件を起こし、翌年投降
1921年	ガルドーネ・リビエーラに移住。イル・ヴィットリアーレ・デッリ・イタリアーニを造成し始める
1938年	他界

監　修

阿部公彦（あべ・まさひこ）

1966 年横浜市生まれ。東京大学文学部准教授。専門は、英米文学研究、文芸評論。著書は『英詩のわかり方』（研究社）、『文学を〈凝視する〉』（岩波書店 サントリー学芸賞受賞）、『幼さという戦略』（朝日選書）など。マラマッド『魔法の樽　他十二編』（岩波文庫）などの翻訳もある。

阿部賢一（あべ・けんいち）

1972 年東京生まれ。東京大学大学院人文社会系研究科准教授。専門は中欧文化論、比較文学。著書に『複数形のプラハ』（人文書院）、『バッカナリア　酒と文学の饗宴』（成文社／共編著）、訳書にボフミル・フラバル『剃髪式』（松籟社）、ミハル・アイヴァス『黄金時代』（河出書房新社）などがある。

楯岡求美（たておか・くみ）

1967 年東京生まれ。東京大学大学院人文社会系研究科准教授。専門はロシア文化論。共著に『講座文学 5　演劇とパフォーマンス』(岩波書店)、『創像都市ペテルブルグ－歴史・科学・文化』（北海道大学出版会）、『ロシアの南』（山形大学出版）などがある。

平山令二（ひらやま・れいじ）

1951 年新潟市生まれ。中央大学法学部教授。専門は、ドイツ語、ドイツ文学（特に 18 世紀文学）。著書に『伝安藤昌益「西洋真営道」』（鷗出版）、『ドイツ語文法』（中央大学出版部）など、翻訳書に『ゲーテ＝シラー往復書簡』（上下巻／共訳）などがある。

編集協力

奥山裕介（おくやま・ゆうすけ）

大阪大学大学院文学研究科博士後期課程在学。平成 24 年度日本学術振興会特別研究員に採用。専門は近代デンマーク文学および北欧地域文化論。主要業績に、論文「跳躍の条件としての不安 ― カーアン・ブリクセン『詩人』における楽園追放の想起と反復」(『世界文学』第 123 号）などがある。

装丁／本文デザイン：セキネシンイチ制作室
DTP：辻井知（SOMEHOW）
構成：宮田文郎

Photo Credit

カバー	Alamy / アフロ
P6 上	LAIF / amanaimages
P6 下	Everett Collection / アフロ
P7 右上	ZUMA Press / アフロ
P7 右下	ZUMA Press / アフロ
P7 左上	Alamy / アフロ
P8-9	ZUMA Press / amanaimages
P9 上	Christian Heeb / laif / amanaimages
P9 下	Everett Collection / アフロ
P10 上	Alamy / アフロ
P10 下	Alamy / アフロ
P11 上	Alamy / アフロ
P11 下	Masterfile / amanaimages
P12 上	Getty Images
P12 下	Lebrecht / アフロ
P13 上	bridgemanimages / amanaimages
P13 下	Alamy / アフロ
P13 左上	Alamy / アフロ
P14-15	Alamy / アフロ
P15 上	ZUMA Press / amanaimages
P15 下	ZUMA Press / アフロ
P16	ZUMA Press / amanaimages
P17 上	Alamy / アフロ
P17 下	Alamy / アフロ
P18-19	Alamy / アフロ
P19	Ullstein bild / アフロ
P20 上	SEBUN PHOTO / amanaimages
P20 下	Photoshot / amanaimages
P21	SEBUN PHOTO / amanaimages
P22	Interfoto / アフロ
P23 上	eStock Photo / アフロ
P23 下	AP / アフロ
P24 上	Alamy / アフロ
P24 下	TopFoto / amanaimages
P25 上	Reuters / AFLO
P25 下	picture alliance / アフロ
P26 上	Alamy / アフロ
P26 下	bridgemanimages / amanaimages
P27 上	Alamy / アフロ
P27 下	ZUMA Press / amanaimages
P28 上	ZUMA Press / amanaimages
P28 下	Everett Collection / アフロ
P29 右	ZUMA Press / amanaimages
P29 左	Newscom / アフロ
P30 上	Alamy / アフロ
P30 下	UIG / amanaimages
P31 上	Getty Images
P31 下	Getty Images
P32	Alamy / アフロ
P34 上	akg-images / アフロ
P34 下	Alamy / アフロ
P35 上	Alamy / アフロ
P35 下	Alamy / アフロ
P36 上	Alamy / アフロ
P36 下	Mary Evans Picture Library / amanaimages
P37 上	Alamy / アフロ
P37 下	TopFoto / amanaimages
P38-39	TopFoto / amanaimages
P39 上	Alamy / アフロ
P39 下	Everett Collection / アフロ
P40 上	Alamy / アフロ
P40 右下	Alamy / アフロ
P40 左下	TopFoto / アフロ
P41	片平孝 / アフロ
P42-43	TopFoto / amanaimages
P43 上	Alamy / アフロ
P43 下	White Images / Scala, Florence / amanaimages
P44 上	Alamy / アフロ
P44 下	Alamy / アフロ
P45 上	Alamy / アフロ
P45 下	TopFoto / amanaimages
P46	Alamy / アフロ
P47 上	Alamy / アフロ
P47 下	Alamy / アフロ
P48 上	Alamy / アフロ
P48 下	Loop Images / アフロ
P49 上	Steve Vidler / アフロ
P49 下	Alamy / アフロ
P50	bridgemanimages / amanaimages
P51 上	bridgemanimages / amanaimages
P51 下	Roger-Viollet / アフロ
P52 右上	Alamy / アフロ
P52 左上	Alamy / アフロ
P52 下	bridgemanimages / amanaimages
P53 上	Alamy / アフロ
P53 下	Mary Evans Picture Library / アフロ
P54 上	Alamy / アフロ
P54 下	Everett Collection / amanaimages
P55 上	Photononstop / アフロ
P55 下	bridgemanimages / amanaimages
P56 上	Camera Press / アフロ
P56 下	SNAP Photo Library / amanaimages
P57 上	Getty Images
P57 下	Photoshot / amanaimages
P58 上	Alamy / アフロ
P58 下	TopFoto / amanaimages
P59 上	Alamy / アフロ
P59 下	Alamy / アフロ
P60-61	Alamy / アフロ
P61 上	Alamy / アフロ
P61 下	AP / アフロ
P62 上	SIME / アフロ
P62 下	Alamy / アフロ
P63 上	Alamy / アフロ
P63 下	Picture Alliance / アフロ
P64	Alamy / アフロ
P65	Ian Lloyd / Camera Press / アフロ
P66 上	Alamy / アフロ
P66 右下	Alamy / アフロ
P66 左中	Prisma Bildagentur / アフロ
P66 左下	SEBUN PHOTO / amanaimages
P67	Robert Harding / amanaimages
P68 上	Alamy / アフロ
P68 下	TopFoto / amanaimages
P69 上	Alamy / アフロ
P69 下	Alamy / アフロ
P70	Alamy / アフロ
P71 上	Roger-Viollet / amanaimages
P71 下	Alamy / アフロ
P72	Alamy / アフロ
P73 上	アフロ
P73 下	AP / アフロ
P74 上	REX FEATURES / アフロ
P74 下	Alamy / アフロ
P75	Abaca / amanaimages
P76 上	Alamy / アフロ
P76 下	bridgemanimages / amanaimages
P77 上	Alamy / アフロ
P77 下	Alamy / アフロ
P78	高橋暁子 / アフロ
P80	Alamy / アフロ
P81 上	Alamy / アフロ
P81 下	TopFoto / アフロ
P82 上	Alamy / アフロ
P82 下	Alamy / アフロ
P83	Alamy / アフロ
P84	Alamy / アフロ
P85 上	TopFoto / アフロ
P85 下	Roger-Viollet / アフロ
P86	Gamma Rapho / アフロ
P87 上	Roger-Violle / amanaimages
P87 下	Gamma Rapho / アフロ
P88 上	Alamy / アフロ
P88 下	bridgemanimages / amanaimages
P89 右	Getty Images
P89 左	Photoshot / amanaimages
P90	SIPA / amanaimages
P91 右上	SIPA / amanaimages
P91 左上	SIPA / amanaimages
P91 下	Alamy / アフロ
P92	robertharding / アフロ
P94	Alamy / アフロ
P95 上	LOOK-foto / amanaimages
P95 中	Alamy / アフロ
P95 下	bridgemanimages / amanaimages
P96 上	LOOK-foto / amanaimages
P96 下	Alamy / アフロ
P97 上	Alamy / アフロ
P97 下	Alamy / アフロ
P98 上	Alamy / アフロ
P98 下	Alamy / アフロ
P99 右上	Alamy / アフロ
P99 右下	Ullstein bild / アフロ
P99 左	Alamy / アフロ
P100 上	Picture Alliance / アフロ
P100 下	アフロ
P101 右上	Picture Alliance / アフロ
P101 右下	Alamy / アフロ
P101 左	Picture Alliance / アフロ
P102	WESTEND61 / アフロ
P104 上	Alamy / アフロ
P104 下	Everett Collection / amanaimages
P105 右上	ZUMA Press / amanaimages
P105 右下	ZUMA Press / amanaimages
P105 左	Sputnik / amanaimages
P106	Alamy / アフロ
P107 上	bridgemanimages / amanaimages
P107 下	Alamy / アフロ
P108 上	Alamy / アフロ
P108 下	Camera Press / アフロ
P109 上	Alamy / アフロ
P109 下	Camera Press / アフロ
P110 上	Alamy / アフロ
P110 下	TopFoto / amanaimages
P111 上	Ullstein bild / アフロ
P111 下	Alamy / アフロ
P112 上	Alamy / アフロ
P112 下	The Granger Collection / amanaimages
P113 右上	Alamy / アフロ
P113 右下	ZUMA Press / amanaimages
P113 左	Alamy / アフロ
P114	Alamy / アフロ
P116	Alamy / アフロ
P117 上	Alamy / アフロ
P117 下	picture alliance / アフロ
P118 上	AFLO
P118 下	アフロ
P119 上	AFLO
P119 下	AFLO
P120-121	Alamy / アフロ
P121 上	Alamy / アフロ
P121 下	TopFoto / アフロ
P122	Getty Images
P123	REX FEATURES / アフロ
P124	Alamy / アフロ
P125 右	AP / アフロ
P125 左	ZUMA Press / amanaimages

世界の文豪の家

2016年8月31日　初版第１刷発行

発行者　　澤井聖一

発行所　　株式会社エクスナレッジ
〒106-0032　東京都港区六本木7-2-26
http://www.xknowledge.co.jp

問合せ先　編集　TEL 03-3403-6796
Fax 03-3403-0582
info@xknowledge.co.jp
販売　TEL 03-3403-1321
Fax 03-3403-1829